Marco Giannotti
DIÁRIO DE KIOTO

COPYRIGHT © MARCO GIANNOTTI, 2012

Dados Internacionais de Catalogação na Publicação (CIP)
(Câmara Brasileira do Livro, SP, Brasil)

Giannotti, Marco
 Diário de Kioto / Marco Giannotti ; [tradução Haruhito Yamazaki]. -- São Paulo : Editora WMF Martins Fontes, 2012.

Edição bilíngue: português/japonês.
ISBN 978-85-7827-658-4

1. Crônicas brasileiras 2. Cultura - Japão 3. Giannotti, Marco 4. Japão - Descrição 5. Japão - Usos e costumes 6. Viagens - Narrativas pessoais I. Título.

12-15471   CDD-869.93

Índices para catálogo sistemático:
1. Crônicas de viagens : Literatura brasileira   869.93

Todos os direitos desta edição reservados à
Editora WMF Martins Fontes Ltda.
Rua Prof. Laerte Ramos de Carvalho, 133
01325.030 São Paulo SP Brasil
Tel. (11) 3293.8150 Fax (11) 3101.1042
e-mail: info@wmfmartinsfontes.com.br
http://www.wmfmartinsfontes.com.br

相手に注ぐ眼差し

『京都日記』の歴史は、造形美術家兼教授のマルコ・ジアノッチが日本の古都に到着するはるか前に遡る。より正確には、サンパウ大学(USP)と京都外国語大学(KUFS)との間で「国際交流協定」が締結された1996年5月16日に始まった。両学が築いた絆は、2006年からの教員交流によってさらに深まり、大学の場に留まらず両国関係の強化に貢献している。

このたび上梓される本旅行記は、著者の体験を語り文章とビジュアルを通じてブラジル人の日本に注ぐ眼差しを発表するものであり、互いをよく知り好意を抱きあう両国民が相手を再発見する永遠の営みのひとつと言えよう。

いつの日か私たちの前に『サウヴァドール日記』──あるいはブラジリア、リオ、マナウス、ポルトアレグレ日記──が登場し、こんどは逆に、日本人の我が国に注ぐ新たな眼差しを発表してくれるかもしれない。

サンパウロ大学学長(当時)フラヴィオ・ファヴァ・デ・モラエス教授と共にこの交流を計画した京都外国語大学総長森田嘉一教授のヴィジョンと、同大学ブラジルポルトガル語学科長住田育法教授の情熱が本プログラムの成功には欠かせなかった。招聘されたジアノッチ教授は1年間教育と学習に携わり、その中で本書が生まれた。『京都日記』は従って、この企画の成功と重要性の新たな証である。

2012年8月
駐日ブラジル大使
マルコス・ベゼーハ・アボッチ・ガウヴォン

UM OLHAR SOBRE O OUTRO

A história do "Diário de Kioto" começou muito antes da chegada do artista plástico e professor Marco Giannotti à antiga capital do Japão. Iniciou-se, mais precisamente, em 16 de maio de 1996, quando foi assinado o primeiro Convênio de Intercâmbio Acadêmico entre a Universidade de São Paulo – USP e a Universidade de Estudos Estrangeiros de Kioto – KUFS. Os laços que se estabeleceram entre as duas instituições, e que se aprofundaram com o programa de mobilidade docente, desde 2006, não se limitam ao ambiente acadêmico e contribuem para fortalecer as relações entre os dois países.

A publicação deste caderno de viagem, que narra as experiências do autor e apresenta, textual e visualmente, um olhar brasileiro sobre o Japão, é mais uma celebração do permanente exercício de redescobrimento recíproco que existe entre dois povos que já se conhecem bem – e que se gostam.

Algum dia, talvez, tenhamos também o "Diário de Salvador" – ou de Brasília, do Rio, de Manaus, de Porto Alegre... – que fará o caminho inverso, apresentando-nos mais um olhar japonês sobre nosso país.

A visão do presidente da KUFS, professor Yoshikazu Morita, que idealizou esse intercâmbio com o então reitor da USP, professor Flávio Fava de Moraes, e o entusiasmo do professor Ikunori, diretor do Departamento de Estudos Luso-Brasileiros da KUFS, foram essenciais para o sucesso do programa que trouxe o professor Giannotti ao Japão para uma temporada de ensino e aprendizado da qual resultou este livro. O "Diário de Kioto" é, assim, mais um testemunho do êxito e da importância desse projeto.

Marcos Bezerra Abbott Galvão
Embaixador do Brasil no Japão
Agosto de 2012

ÍNDICE · 目次

09	UM ANO DE MARCO GIANNOTTI, PINTOR BRASILEIRO	08	ブラジル人画家 マルコ・ジアノッチの1年
13	AGRADECIMENTOS	12	謝辞
17	DIÁRIO DE KIOTO	25	京都日記
39	CONTEMPLANDO PEDRAS EM KIOTO	43	京都で石を観照して
39	ARTE EM DIÁLOGO COM A NATUREZA	63	自然と対話する芸術
71	MUSEU NO PARAÍSO	75	天上の美術館
91	TESOUROS OCULTOS	95	隠れた財宝
101	OKURIBI, HANABI	105	送り火、花火
117	DIÁLOGO RARO E DELICADO	121	西洋と東洋との希有で繊細な対話
129	AS VÁRIAS VIDAS DE KATSURA	135	桂離宮の多様な生
148	EPÍLOGO	152	エピローグ

Interior, colagens com washi · 室内、和紙のコラージュ

ブラジル人画家マルコ・ジアノッチの1年

　日本の四季は4月に桜の花と共に始まり、3月に桃や椿の花で終わる。2011年にサンパウロ大学協定教授のマルコ・ジアノッチが桜花の時期に来日した。
　来日してすぐ彼は、外国人のまなざしで日本美を発見した。続いて彼の作品において、日本の美を増幅させた。そして今、彼は広くブラジル人と日本人に対してその作品を紹介する。多くの考えを私たちはやり取りしたが、マルコはあたかも南蛮時代に日本文化を観察した最初のヨーロッパ人のように、大いなる好奇心をもって自らの文化を語る一日本人歴史家の意見に耳を傾けた。
　日本人科学者の近年の調査によれば、5つの国に跨るヒマラヤ山脈は、高度8,848メートルのエベレスト山や8,611メートルのK2山のような地球の最高峰を擁しており、この特異な地形が、太平洋に至る日本列島の空間におけるモンスーン気候を産んでいると言う。ヒマラヤ山脈によって、日本列島の豊かな雨や美しい霧、この国の自然のあらゆる美しさが育まれる。広大な空間の理解は簡単ではなかった。他の文化や文明を考慮しなくてはならない。最初は西方からインドや中国、さらにはローマの影響がシルクロードによって伝わった。後に、南部から海を渡ってポルトガルの影響が、そしてついに、東からアメリカの影響がもたらされた。
　毎日、毎週、毎月、京都の住人に、季節の移ろいがもたらされる。画家マルコは、京都市の「風水」の龍の頭の近くに住んだ。この反対側の市の南西に位置する京都外国語大学で若き日本人学生たちに、彼は、ブラジルの文化と言語を教えた。
　日本文化の秘密を探るために恐るべきエネルギーを注ぐこのようなブラジル人に、私はついぞ出会ったことがない。寺院、神社、皇室の軌跡、京料理のすべてが、画家が日本人を理解するための助けとなった。マルコと共に京都で生活する機会を持てたことに今、私はたいへん感謝している。
　一人の日本人から一人のブラジル人画家に向かう、二つの異なった生活スタイルが、知力をもってこの画家が日本文化の大切さを理解した故に、違いを越えて互いに分かち合えるものとなった。
　美を映す鏡のように、画家マルコは、移りゆく自然の中の日本の光と色彩を捉えた。
　私は祖先が、侍の意識や仏教の僧侶、神道の神主の意識に繋がる、典型的な日本文化の中に生きてきた。しかし、そうした英雄伝や道徳観、知性を理解するのは遥か昔のことであって、私の日常生活は、現代社会の生活の中でのみ機能している。しかし、画家マルコは、外から、画家と理念の方法によって、現代日本と遥か千年の過去の経験を彼の作品において、観察し、具現化したのである。

　京都と日本は、ブラジル人の有能な画家によって、2011年を描く幸運を得た。

住田育法

UM ANO DE MARCO GIANNOTTI, PINTOR BRASILEIRO

No Japão, o ano letivo começa em abril, com as flores da cerejeira, e termina em março, com as flores do pêssego e da camélia. Em 2011, um professor de convênio da USP, Marco Giannotti, chegou na época das flores da cerejeira. Logo descobriu as belezas do Japão pelo olhar estrangeiro. Em seguida, ampliou as belezas do Japão em seus trabalhos. E agora as apresenta tanto para o público japonês como brasileiro. Trocamos muitas ideias e Marco aceitou as opiniões deste historiador japonês com grande curiosidade sobre como os primeiros europeus observaram a cultura japonesa na época de *Namban*. De acordo com um cientista japonês, a cordilheira do Himalaia, que se estende por cinco diferentes nações, é o teto do mundo e lar dos picos mais altos do planeta, o Monte Everest (8.848 m) e o K2 (8.611 m). Este sistema faz o clima típico de monção no espaço do arquipélago japonês. Pela cordilheira do Himalaia, nasce chuva abundante, névoa bonita e toda beleza da natureza do Japão.

Ao refletir sobre a influência das civilizações neste país, percebe-se que inicialmente elas chegaram advindas do oeste – a cultura indiana, chinesa e até a romana –, por meio da rota da seda. Do sul, vieram mais tarde pelo mar os portugueses e, finalmente, do leste, a cultura americana. Cada dia, cada semana, cada mês traz para os moradores de Kioto mudanças na natureza. Marco habitou perto da cabeça do Dragão do "Feng shui" da cidade, do outro lado, ao sudoeste, e, na Universidade de Estudos Estrangeiros de Kioto, ensinou a cultura e a língua do Brasil aos jovens. Dos alunos, captou conhecimento, o modo de ser e de pensar dos japoneses. Nunca encontrei um brasileiro com tão incrível energia para conquistar os segredos da cultura japonesa: ao conhecer os templos budistas, templos xintoístas, histórias da família imperial e a culinária de Kioto, ele começou a entender as ideias daqui. Sou muito grato a tudo que tivemos oportunidade de viver.

De um japonês para um pintor brasileiro, duas formas de vida distintas foram compartilhadas, visto que Marco entendeu com sabedoria a importância da nossa cultura. Como espelho da beleza, o pintor Marco apreendeu as nossas luzes, as cores da mudança da natureza. Eu fui criado dentro da cultura típica do Japão, ligado à consciência dos samurais e monges budistas e xintoístas. Mas, agora, minha vida cotidiana só funciona dentro da vida moderna. Marco observou de fora e concretizou nas suas obras esta experiência de um Japão moderno e outro milenar. Kioto e o Japão tiveram muita sorte no ano letivo de 2011 com esse talentoso pintor brasileiro.

Ikunori Sumida, Maio de 2012

Fushimi Inari・伏見稲荷

謝辞

2011年度に、私はブラジル文化について教鞭を執るために京都外国語大学に招かれた。これは住田育法教授が森田嘉一総長の支援の下で進めている大胆な取り組みで、サンパウロ大学の教員が1年間、客員教授として滞在できる。住田教授は常に本書に掲載した記事の最初の読者となり、いつも私を導き正してくださった。また、同大学ブラジルポルトガル語学科の諸兄姉、とりわけ日本文学の手解きをしていただいた田所清克教授の歓待に感謝する。一方、サンパウロ大学コミュニケーション芸術校、特にマウロ・ウィウトン・デ・ソウザ校長と国際関係委員会のマルコ・アントニオ・ダ・シウヴァ・ハモス委員長、委員長秘書のアナ・パウラ・マルチンス・ブラガ、造形美術学部のジウベルト・ドス・サントス・プラド学部長並びにジョエウ・ラ・ライナ・セネ教授を始めとする本協定に参加した諸先生方の組織的支援がなければ、今回の旅は決して実現しなかった。滞在期間中、息子のルカとベンジャミン、父J・A・ジアノッチはかけがえのない家族の団欒をもたらしてくれた。ラウラ・グリーンハウグの支援のおかげで、今回の体験をオ・エスタード・デ・サンパウロ紙の読者と分かち合うことができた。ヤニック・ブルギニョンとマリオ・セーザル・カルヴァーリョ、マリオン・ストレッケル・ゴメスは私の下を訪れ、郷愁を慰めてくれると共に、西洋を少しばかり運んで来てくれた。彼らはまた、細やかな配慮をもってこの日記の編集を手伝ってくれた。堀由紀江は大の旅行仲間となり、本書のグラフィックデザインも担当していただいた。ギリェルミ・ヴィスニックとマダレーナ・ハシモト、クラウジオ・ムバラクには、記事に含まれるいくつかの問題の系統的論述を手伝っていただいた。この旅の一部を彼らと分かち合えたことは大きな喜びである。ハケウ・アルナウド・ギャラリーとマルコス・ヒベイロ・スタジオには画像処理を手伝っていただいた。ベッチおよびエリアス・ホッシャ・バーホスは親切にも本書の仕上げを手伝ってくださった。インスティチュート・トミエ・オオタケ、特にヒカルド・オオタケには、本プロジェクトの研究・実施・公開に当たり、両国の橋渡しという重要な役割を果たしていただいた。滞在中は少数ながら大変良き日本の友人を得た。住田祥子、青木敬、越前俊也、越前京子、浅川真記、都留恵美里、鈴木尊志の温かいもてなしに感謝する。また、たいへん理解しやすい脚注を加えていただいた日本語版翻訳者の山﨑理仁に感謝する。最後に、ブラジル大使館、とりわけマルコス・ベゼーハ・アボッチ・ガウヴォン大使とアナ・ドリア・ガウヴォン夫人、アレシャンドレ・ヴィダウ・ポルト公使、ユキエ・ワタナベから受けた多大な支援に触れない訳にはいかない。皆様に深い感謝の意を表明する。本書を、常に私のそばにいて、京都での様々な発見を共にした妻カロリーナ・ヴェンドラミーニに捧げる。

京都にて、2012年1月

AGRADECIMENTOS

Durante o ano letivo de 2011 fui convidado a ministrar aulas sobre a cultura brasileira na Universidade de Estudos Estrangeiros de Kioto, iniciativa corajosa do professor Ikunori Sumida, que, com o apoio do presidente da Universidade, Yoshikazu Morita, permite que um professor da USP fique um ano como professor visitante. O professor Sumida foi o primeiro leitor dos artigos contidos neste volume, sempre me ensinando e corrigindo. A ele, meus sinceros agradecimentos. Agradeço também a cordial acolhida de todos os membros do Departamento de Língua Portuguesa da Universidade, em especial o professor Tadokoro, que me iniciou na literatura japonesa. Por outro lado, sem o apoio institucional que tive da Escola de Comunicação e Artes da Universidade de São Paulo, em especial do diretor Mauro Wilton de Sousa, do Presidente das Relações Internacionais Marco Antônio da Silva Ramos e de sua secretária Ana Paula Martins Braga, do chefe do Departamento de Artes Plásticas Gilberto dos Santos Prado, bem como do professor Joel La Laina Sene e dos demais professores que participaram deste convênio, jamais poderia ter feito esta viagem. Ao longo da minha estadia, meus filhos, Luca e Benjamin, e meu pai, J. A. Giannotti, trouxeram-me o inestimável conforto familiar. Graças ao apoio de Laura Greenhalgh, tive a oportunidade de partilhar essa experiência com os leitores de *O Estado de S. Paulo*. Yannick Bourguignon, Mario Cesar Carvalho e Marion Strecker Gomes me fizeram visitas que, além de matar a saudade, trouxeram-me um pouco do Ocidente. Além disso, eles me ajudaram a editar este diário com carinho especial. Yukie Hori tornou-se uma grande companheira de viagem, fazendo inclusive o desenho gráfico deste livro. Guilherme Wisnick, Madalena Hashimoto e Claudio Mubarak me auxiliaram na formulação de algumas questões presentes nos artigos. Foi um grande prazer partilhar com eles um pouco desta viagem. A Galeria Raquel Arnaud e o estúdio Marcos Ribeiro me auxiliaram no tratamento das imagens. Beth e Elias Rocha Barros gentilmente contribuíram com o acabamento final do livro. O Instituto Tomie Ohtake e em especial Ricardo Ohtake, ao fazer a ponte entre esses dois países, foram muito importantes na pesquisa, realização e divulgação deste projeto. Durante a minha estadia, fiz poucos e bons amigos japoneses: Yoshiko Sumida, Kay Aoki, Toshyia e Kyoko Echizen, Maki Asakawa, Emilie Tsuru e Takashi Suzuki; a eles agradeço por uma estadia mais acolhedora. Agradeço, ainda, ao tradutor para o japonês, Haruhito Yamazaki, que adicionou notas bastante elucidativas. Por fim, não posso deixar de mencionar o grande apoio que tive da Embaixada do Brasil, em especial o embaixador Marcos Bezerra Abbott Galvão, a embaixatriz Ana Doria Galvão, o ministro Alexandre Vidal Porto e Yukie Watanabe. A todos, sou muito agradecido. Este livro é dedicado à minha esposa, Carolina Vendramini, que esteve sempre ao meu lado e partilhou cada instante das descobertas feitas nesta cidade.

Kioto, janeiro de 2012

Colagens com washi · 和紙のコラージュ

DIÁRIO DE KIOTO

Trata-se de um caderno de artista feito durante o período de um ano em Kioto, a partir de março de 2011. Talvez sua inspiração advenha de uma vertente romântica, de uma viagem de formação, da qual Goethe foi um dos principais interlocutores, ao realizar sua viagem à Itália, que lhe permitiu um contato surpreendente com a vida mediterrânea. Ali, ele percebe o quanto luz e cor local criam um mundo dotado de diferente tempero, e requerem uma diferente ótica. Em seu caderno de viagem, suas descrições visuais são de grande impacto e perduram de fato na retina. Referências mais contemporâneas talvez sejam Octavio Paz e Italo Calvino, que conseguem discorrer sobre mundos distantes com metáforas visuais de grande impacto. Assim, antes do que um confessionário, pretendo apresentar ao leitor o estranhamento que tive ao vir para este outro lado do mundo.

Os textos transcritos aqui fazem parte de uma série de artigos que publiquei no *Estado de S. Paulo*, em 2011. Cada um guarda consigo a data de sua publicação. Fico receoso em modificá-los, pois eles são um registro do momento. Volto, entretanto, a colocar algumas citações e referências históricas e bibliográficas que foram cortadas. O primeiro artigo, "Contemplando pedras em Kioto" por exemplo, deve ser entendido dentro de seu contexto, pois, um mês antes da minha chegada, ocorreu o terrível terremoto, seguido por um *tsunami* que devastou a região de Fukushima.

Como não ficar impressionado por um jardim que transmite tamanha estabilidade, num momento em que a terra ainda tremia na região de Kanto? Por outro lado, sou um péssimo restaurador das minhas obras – para não dizer dos textos –, pois, uma vez que começo a retrabalhá-las, o resultado final se transfigura por completo. Alguns artigos abordam visitas a templos budistas e xintoístas, ou a vilas, como a Katsura, bem como a museus contemporâneos, como o Benesse Art Site, em Naoshima, projeto de Tadao Ando, ou o Museu Miho, feito pelo arquiteto I. M. Pei. Outros tratam do dia a dia de Kioto, como da descoberta de lojas especializadas em *ukiyo-e*, como a Nishiharu, localizada no interior de uma galeria comercial chamada Teramachi Kyogoku. Tento ainda abordar as inúmeras cerimônias e rituais que demarcam a passagem das estações daqui.

A descoberta de grandes escritores como Kawabata, Tanizaki e Mishima me permitiu conhecer um pouco mais os costumes japoneses e sua visão de mundo. Nunca imaginei que a cerimônia do chá pudesse regular tanto o cotidiano das pessoas como aqui. É realmente um privilégio morar muito próximo do Templo Dourado, ler a obra-prima de Mishima e poder voltar ao templo em estações distintas. Presenciar a transformação da natureza, a florada do *Sakura* (flor de cerejeira), o canto das cigarras durante o verão, o outono com as folhas vermelhas do *Momiji* (bordo, ou *Acer palmatum*), observar a neve cobrindo as montanhas que circundam a cidade – trata-se de uma experiência única. Espero que estes artigos passem ao leitor o sabor das estações, como a queimada em pleno verão do grande Kanji Dai, incrustado na montanha, a fim de guiar as almas de volta ao céu durante a cerimônia dos mortos (*Obon*). A melhor maneira de registrar visualmente esses momentos foi a fotografia, que, com seus recursos tecnológicos atuais, permitiu encobrir minha falta de conhecimento técnico mais apurado.

Talvez a principal lição que tive nesta viagem tenha sido que o mundo, afinal de contas, é mesmo redondo. O Oriente, que sempre me pareceu algo inalcançável, apesar de continuar assim sob determinados aspectos, mostra-se agora mais humano. Viver em uma cidade onde as crianças começam a ir para as escolas sozinhas em torno dos cinco anos de idade é algo comovente e admirável. Perceber como grandes metrópoles como Tóquio podem em alguns momentos ser silenciosas, limpas e de fácil acesso, mediante o transporte público, é algo que deveria servir de exemplo para as nossas grandes cidades brasileiras.

Além de reaprender a ministrar aulas em um contexto totalmente diverso do que estava acostumado, viajei pelo Japão, um pouco pela China e cercanias. Porém, o momento mais intimista da viagem ocorreu nos instantes em que procurava filtrar toda essa experiência ao fazer colagens com *Washi*. Trata-se de um papel colorido, feito a partir das folhas da amoreira e que é destinado principalmente ao embrulho de presentes. As amoreiras são o alimento principal do bicho da seda, fazendo, assim, parte essencial da cultura oriental.

Ao mostrar essas obras a Takashi Suzuki, curador do Museu de Arte DIC Memorial Kawamura, ele me disse que eu fazia uso deste papel de um modo impensável a um artista japonês. A surpresa foi grande, visto que há muito tempo as colagens feitas com papel Nepal por Antônio Dias, bem como as colagens em papel de arroz de Mira Schendel, norteavam minha pesquisa. A colagem é uma técnica surpreendente, que permite ao artista trabalhar com pouco espaço e com aquilo que está disponível à mão. Não é à toa que surge como linguagem moderna justamente no limiar da Primeira Guerra Mundial, com Braque e Picasso. Kioto é uma cidade entrecortada por dois mundos: o mundo glorioso do passado, com seus templos e jardins magníficos, e um outro, um tanto descaracterizado pela influência ocidental, que, por sua vez, sempre nos dá a sensação de que estamos fora de lugar. Sob este aspecto, ela não difere das metrópoles contemporâneas. As contradições aparecem em quase todos os artigos que fiz e estão no âmago de quem permanece em terra tão estrangeira.

A partir da imigração japonesa, que se inicia em 1908, o contato entre a cultura brasileira e a japonesa se torna assíduo, com a viagem de muitos japoneses para o Brasil. Por outro lado, em torno de 1980, com a crise econômica brasileira, este caminho se inverte, com a volta de vários descendentes, nissei, sansei, para o Japão. No Brasil, entre esses imigrantes, vários artistas se destacaram, contribuindo fortemente para a consolidação cultural desse país, especialmente em São Paulo, que possui cerca de 300 mil descendentes (o Brasil possui cerca de um milhão e meio deles). Houve, de fato, uma relação de troca e influência entre eles? Em que medida a cultura japonesa passa por transformações profundas ao entrar em contato com a cultura brasileira? Agora vivemos um momento em que muitos imigrantes, cerca de 100 mil, dos 370 mil que aqui viviam, voltam para a sua terra natal.

Durante o ano em que estive como professor visitante da Universidade de Estudos Estrangeiros de Kioto, entre 2011 e 2012, as diferenças culturais, a começar pela enorme diferença linguística, restringiram o escopo da minha pesquisa, pois não só os livros sobre a pintura japonesa, como também grande parte da informação sobre o assunto disponível nos museus e internet, está em japonês. A língua escrita consiste numa mescla de quatro alfabetos: *kanji, hiragana, katakana* e *romaji*. O primeiro veio da China, no século IV d.C., e os outros foram sendo tecidos a partir daí, justamente no intuito de transcrever uma língua oral, cujo aspecto fonético muito se distancia do chinês; já o *romaji*, que não é escrito em ideogramas, mas com letras latinas, foi importado do Ocidente. Infelizmente, o estudo dessa língua me pareceu muito difícil para um ano de estadia – seu aprendizado exigiria uma aplicação incompatível com as minhas atividades de professor e artista. Essa barreira muitas vezes não permitiu que pudesse realizar minha pesquisa de modo aprofundado, e, se muitas vezes fico na superfície, peço desculpas ao leitor. O que salva um pintor, neste caso, é a certeza de que seu ofício está sempre ligado ao jogo das aparências. A minha abordagem, portanto, sempre parte da imagem visual, seja mediante o que pude observar, seja pelas fotografias e colagens que produzi nesse ínterim.

Para um observador estrangeiro um tanto alheio às particularidades da cultura japonesa, o único caminho a seguir é a trilha deixada por quem antes se aventurou neste campo. Na verdade, um dos nossos maiores críticos de arte, Mario Pedrosa, permaneceu cerca de dez meses no Japão, como bolsista da UNESCO, entre 1958 e 1959, com o prêmio que lhe foi concedido durante um congresso de críticos de arte realizado em Brasília, cidade então prestes a ser inaugurada. Pedrosa escreve sobre a caligrafia sino-japonesa moderna e sobre a arte abstrata europeia. Nos artigos que escreve para o *Jornal do Brasil*, o autor nos diz que, "quando se quer penetrar na vida artística deste país, enigmático e fascinante, onde me encontro, não se deve esquecer que por aqui mourejam cerca de trinta mil artistas, entre estes trinta mil, o número de pintores é enorme... Nessa produção em massa é difícil tomar pé e sobretudo dar conta dela em artigo ou crônica. No Japão não há apenas, como no Ocidente, o problema da querela dos acadêmicos e modernos, a querela fundamental que divide o mundo das artes. Há aqui, além do mais, o problema da arte tradicional japonesa em face da arte ocidental, que conta com uma poderosa corrente, sem falar no modernismo *vis-à-vis* a corrente tradicional"[1].

Mas, diante de tamanha diversidade e contraste cultural, o crítico prega a "autenticidade do ser fenomenológico", ou seja, um contato direto com as obras a fim de evitar os preconceitos e linhas ideológicas predeterminadas. Pedrosa observa que o contato abrupto da cultura japonesa, a partir da Restauração Meiji, em 1867, com o Ocidente foi bastante traumático, criando um embate entre a pintura tradicional *nihonga* e a pintura *yoga* ocidental, que, ao empregar técnicas e estilos ocidentais, como a pintura a óleo, procura, justamente, contrapor-se à cultura tradicional japonesa. Este embate é ainda bastante visível hoje em dia, não só nas obras atuais presentes nos museus e galerias de arte, como também nos costumes, na moda, na televisão, na música, enfim, no dia a dia. Esse fenômeno já foi observado por Aluísio Azevedo

1. PEDROSA, Mario. *Modernidade cá e lá: textos escolhidos IV*. Organização Otília Beatriz Fiori Arantes. São Paulo: Edusp, 1997.

em seu livro inacabado sobre o Japão, escrito quando foi vice-cônsul em Yokohama, entre 1897 e 1899.

Na medida em que o Japão abre seus portos não só para a imigração, como também para o comércio de manufaturas, a moda do japonismo se alastra pela Europa. Os artistas impressionistas descobrem nesse Oriente que não é colonizado uma nova forma de pensar a relação entre o homem e a natureza, o elogio do efêmero, a vibração cromática. Paradoxalmente, os artistas japoneses, na ânsia de se modernizar, voltam-se contra o passado e passam justamente a imitar o que há de mais acadêmico na arte francesa. Exploro este assunto no artigo sobre *ukiyo-e* (estampa japonesa). Há uma similaridade com os artistas brasileiros que, se por um lado se pautam na arte europeia, por outro, buscam firmar uma identidade nacional própria. Os modernistas brasileiros absorveram muitas vezes uma arte de vanguarda, no momento em que ela passa por um processo de "volta à ordem", após a Primeira Guerra Mundial. Ou seja, buscaram apreender o que há de mais moderno, mas acabaram absorvendo o refluxo modernista. Entre os modernistas paulistas, o Japão aparece como local da diferença. Por exemplo, nas telas *Japonês* e *Japonesa*, Malfatti não lhes atribui um nome. Ser moderno é antes saber retratar aquilo que está à margem, fora da ordem. Em contrapartida, os imigrantes pintam autorretratos. É o modo de terem rosto, nome, identidade[2]. Entretanto, no Japão, esse antagonismo aparece no embate entre a pintura *nihonga* e a pintura *yoga*, que busca a absorção dos valores técnicos e acadêmicos europeus. Ou seja, naquele momento, a pintura *nihonga* era muito mais original, mas, infelizmente, perdeu força com a ocidentalização inevitável da cultura japonesa.

O Seibi (Seibikai, 1935-1972) – Grupo de Artistas Plásticos de São Paulo – reuniu artistas japoneses interessados em criar um espaço de discussão que promovesse o aprimoramento técnico e a divulgação de suas obras. Frequentadores das aulas de desenho e modelo vivo da Escola Paulista de Belas Artes, seus integrantes travaram contato com o Grupo Santa Helena, formado em boa parte por imigrantes italianos, com o qual tinham afinidade de propostas. O Grupo Seibi realizou a sua primeira e única exposição dessa fase no Clube Japonês (1938). A entrada do Brasil na Segunda Guerra Mundial, ao lado dos aliados (1942), limitou as atividades da colônia japonesa no país, impedindo a reunião dos artistas e provocando a dispersão do Grupo. Em 1947, reiniciam suas atividades, criando um ateliê coletivo com artistas novos. Em 1952, fazem o Salão do Grupo e realizam 14 mostras, entre 1952 e 1970, que ampliaram o espaço de projeção dos artistas nipo-brasileiros no meio artístico nacional. Além do Salão, outro desdobramento importante foi a formação de associações, como o Grupo 15 e o Grupo Guanabara, surgidos em decorrência da atuação destes artistas. Em um dos artigos abaixo, "Diálogo raro e delicado entre Ocidente e Oriente", procuro analisar como os imigrantes nipo-brasileiros assimilam a cultura ocidental de modo mais orgânico, uma vez que vivem nela. No pós-guerra, forma-se no Japão o Grupo Gutai, que, segundo Mario Pedrosa, estava muito atrelado ao tachismo francês e absorvia de maneira incipiente as novidades do Expressionismo Abstrato. Ele afirma que os tachistas abundam, mas grande parte deles

---

2. Afirma Paulo Herkenhoff no livro da exposição *Laços do Olhar*, promovido pelo Instituto Tomie Ohtake em 2008, durante a celebração dos cem anos da imigração japonesa no Brasil.

não abandonou a ideia de composição e forma. Um espírito de "salada imitativa" predominava nas mostras que visitava. Infelizmente, tenho visto esse processo perdurar até hoje na arte contemporânea daqui, seja na pintura abstrata, que parece desprovida de espírito, tornando-se demasiadamente decorativa, seja na arte *pop* japonesa, que cultiva a meu ver uma cultura do consumo sem nenhuma dimensão crítica. Por outro lado, nota-se o fenecimento também da pintura tradicional, que se torna cada vez mais ilustrativa, com uma técnica visivelmente menos refinada do que antes, quanto a composição, desenho e relações cromáticas.

Por outro lado, "se há um país em que a famosa integração das artes pode estar perto de uma realidade, é o Japão. A lição dos cartazistas japoneses poderia ser preciosa para nossos artistas... Os nossos concretistas veriam nela muita coisa que andam fazendo" – nos diz Mario Pedrosa. Vale a pena relacionar os bichos de Lygia Clark com a prática do *origami*. Pedrosa nota que os japoneses, ao não estabelecerem uma separação tão rígida entre arte e vida, justamente têm uma liberdade e uma força inequívocas no *design*, bem como na arquitetura contemporânea. Atualmente, creio que o *design* de Issey Miyake, a obra de arquitetos como Tadao Ando, grupo SANAA, Kengo Kuma, entre outros, são, de longe, o que a cultura japonesa produz de mais sofisticado visualmente. Entretanto, uma série de contradições aparecem e salientam a especificidade da cultura japonesa no presente: o contraste entre Ocidente e Oriente, o calendário do Imperador e o calendário ocidental, o budismo e o xintoísmo, a rica herança cultural do passado e uma arquitetura moderna de altos e baixos, a reverência pela natureza e o desastre de Fukushima, os jovens ocidentalizados e os mais velhos, que preservam a tradição.

Tais contradições fazem parte da cultura japonesa e podem deixar o observador ocidental muitas vezes atônito. Por exemplo, quem espera um Japão minimalista, com espaços vazios, *ikebanas* delicados, mulheres sempre bem vestidas de *kimono*, pode se surpreender ao encontrar espaços extremamente caóticos, saturados, de um mau gosto atroz. O que torna, por outro lado, o refinamento tradicional ainda mais precioso. Os grandes artistas japoneses descritos acima sabem justamente trabalhar esses dois tempos numa nova linguagem fascinante. Mas, infelizmente, esses artistas são poucos. Impossível, assim, ver o Japão moderno sem certa nostalgia, e creio que isto faz mesmo parte da cultura japonesa, pois, já os contos de Genji, considerado o primeiro grande romance japonês de século XI d.C., rememora o período de paz e tranquilidade (Heian) que veio com a fundação de Kioto como capital do Império, no século VIII d.C. Para contrabalançar esse sentimento, creio que o melhor antídoto é aguardar novamente a primavera, que se aproxima.

京都日記

これは2011年3月から1年間にわたり京都で作成した創作ノートである。インスピレーションの源は、おそらくロマン主義の流れ、人格形成の旅だろう。ロマン派の中心的語り手の一人であるゲーテは、イタリアに旅をして、地中海世界との素晴らしい出会いを体験した。そこで彼は、現地の光と色がいかに異質な味わいの世界を生みだし、異質な視線が必要であるかに気づいた。ゲーテの旅行記の視覚描写は大いに衝撃的で実際に目に焼き付く。現代で言えば、強烈な視覚的隠喩によって遠い世界を語るオクタビオ・パスやイタロ・カルヴィーノだろう。そのような次第で私は、告白するというよりはむしろ、この地球の反対側へとやって来たときに感じた奇異感を読者に伝えるつもりだ。

ここに転載したテキストは2011年にエスタード・デ・サンパウロ紙に連載した記事の一部である。それぞれに刊行日を記載している。個々の記事はその瞬間の記録なので、変更を加えることを躊躇う。しかし、削除されたいくつかの引用や歴史的参照事項、参考文献を再掲する。例えば最初の記事「京都で石を観照して」は、その文脈で理解すべきだ。私が来日する1カ月前に大地震と津波が発生し、福島地方が壊滅したからだ。関東地方でいまだに大地が揺らぐなか、泰然自若とした雰囲気の漂う庭園に感動せずにはいられないだろう。一方、私はテキストは言うに及ばず自作の修復が大の苦手で、手をつけ始めると最終的にまったく違う結果になってしまう。いくつかの記事は仏教寺院や神社、あるいは桂離宮、安藤忠雄が設計したベネッセアートサイト直島や建築家イオ・ミン・ペイの手になるMIHO MUSEUM（ミホミュージアム）といった現代美術館の訪問記である。他には、寺町京極商店街の奥にある西春などの浮世絵専門店の発見といった、京都の日常を記している。さらに、日本の四季の節目の様々な儀式や祭事も扱おうと試みている。

川端や谷崎、三島といった偉大な作家を発見したことで私は日本人の習慣や世界観をもう少し知ることができた。茶の湯が人々の日常をこれほど律することができるとは思いも寄らなかった。金閣寺の間近に住み、三島の傑作を読み、別の季節に金閣を再訪できるなど実に恵まれている。四季の自然の移ろいに立ち会い、桜の開花、蝉の鳴き声、イロハモミジが赤く紅葉する秋、街を取り囲む山々の冠雪を観察するのはかけがえのない体験だ。本稿によって読者に、山腹に刻んだ大文字の送り火で死者の精霊を彼岸に送り返す盛夏のお盆の行事といった風物詩をお伝えできればと思う。こうした瞬間を視覚的に記録するもっとも良い方法は写真だった。私には高度な写真テクニックが不足しているが、最新技術がそれをカバーしてくれた。

今回の旅で得た最大の教訓は、地球はやはり、本当に丸いということだろう。常々到達不能なものと思われた東洋は、いくつかの面では依然としてそうだが、より人間的な姿を現すようになった。子どもたちが5歳のころから一人で通学する街に暮らすのは感動的であり賞賛に値する。東京のような大都市が場合によっては静かで清潔、かつ公共輸送機関を用いて楽に移動できると理解したが、これはブラジルの大都市にとって模範となるべきことだ。

慣れ親しんだ状況から隔絶された中で授業の進め方を学び直したほか、日本国内を旅し、中国と周辺諸国にも少し脚を伸ばした。だがこの旅の中で最も親密な感情が発露した瞬間は、これらすべての体験を選別しながら和紙のコラージュを制作した時だ。これは桑の葉から作る色紙で、主に贈り物の包装紙に用いられる。桑は蚕の主食で、従って東洋文化の大切な要素である。

これらの作品をDIC川村記念美術館学芸員の鈴木尊志（すずき たかし）に見せると、日本の芸術家には思いも寄らない方法でこの紙を使っていると言われた。これは大きな驚きだった。ずいぶん前から、アントニオ・ジアスのネパール紙によるコラージュやミラ・シェンデルの和紙のコラージュは、いつも私の紙を用いた作品の道標だったからだ。コラージュは驚くべき技法で、芸術家はわずかな空間と手持ちの材料で制作できる。まさに第1次世界大戦の初めにジョルジ

ュ・ブラックとピカソの手によってモダンな言語として登場するのは故なきことではない。京都は二つの世界に分断された街である。壮麗な寺社や庭園のある過去の栄光の世界と、西洋の影響でやや特徴を失った、いつも場違いな所にいる感覚がするもうひとつの世界だ。その面では、京都は現代の大都市と変わらない。こうした矛盾は私が書いたほぼすべての記事に現れているし、遠い異国に滞在する人間の心の奥底にある。

　1908年に日本の移民が開始してからは、多くの日本人がブラジルに渡り、ブラジル文化と日本文化の接触は盛んになる。その一方で1980年ころ、ブラジルの経済危機に伴い流れが逆転して、多くの日系二世・三世が日本に戻る。ブラジルでは、この移民の中から多くの芸術家が輩出し、ブラジルの文化形成に大きく貢献した。約30万人の日系人が住むサンパウロではその傾向が顕著だった（ブラジルの日系人は約150万人）。彼らのあいだに交流や相互の影響は実際にあったのだろうか。ブラジル文化に触れることで日本文化はどれほど深い変化を被っているのだろうか。現在は、日本に在住していた37万人のブラジル人のうち約10万人という多くの移住者が生まれ故郷に帰る状況にある。

　京都外国語大学の客員教授を務めた2011年から2012年の1年間、言語の大きな違いを初めとする文化的相違によって私の研究目的は制約を受けた。日本画に関する書籍だけでなく、美術館やインターネットにある関連情報の大半も日本語だからである。書き言葉は4種類の文字、すなわち漢字、平仮名、片仮名、ローマ字の混合からなる。漢字は4世紀に中国からもたらされ、その他の文字はそれをベースに、中国語とは発音が大きく異なる話し言葉を筆記するために作り出された。ローマ字は表意文字ではなくラテン文字からなり、西洋から輸入されたものだ。残念ながら日本語の学習は1年の滞在では大変難しく、私の教職と芸術活動と両立しないほどの専念が必要に思われた。この障壁のため往々にして深い研究が適わなかったので、表層的に留まることが多いとしたら、読者にお詫びする。この場合画家にとって救いとなるのは、己の仕事が常に外観の勝負に結び付いているという確信である。従って私のアプローチは常に、自分が観察できたものにしろ、その合間に制作した写真やコラージュにしろ、視覚的イメージから出発する。

　日本文化の特異性に少々疎い外国の観察者にとって、進むべき唯一の道は以前この分野に冒険した者の軌跡を追うことだ。実を言えば、ブラジルの最も偉大な美術評論家の一人であるマリオ・ペドローザは、完成間際のブラジリアで開催された美術批評家会議において受賞したユネスコの奨学金で、1958年から1959年の10カ月間日本に滞在した。ペドローザは現代の中国と日本の書道とヨーロッパの抽象芸術について書いている。ジョルナウ・ド・ブラジル紙に寄稿した記事で、ペドローザは「私が今いる謎めいた魅力的なこの国の美術界に入ろうとする際に忘れてはならないのは、ここには約3万人の芸術家が粉骨砕身しており、その3万の中の画家の数は膨大だということだ……。この大量生産の中で自分の立ち位置を決め、とりわけ記事や時評でそれらを報告するのは難しい。日本には、西洋のような、美術界を二分する基本的論争であるアカデミズムとモダニズムの論争の問題があるだけではない。ここには、モダニズム対伝統的思潮は言うに及ばず、それに加え、強力な流れである西洋芸術に対峙する日本の伝統芸術の問題がある」と述べている[1]。

　しかし、このとてつもない文化的多様性とコントラストを前に、この批評家は「現象学的存在の純粋性」、すなわち先入観や既定のイデオロギー路線を避けるために、作品に直に接することを唱える。ペドローザは、1867年の明治維新以降の日本文化と西洋との急激な接触は深い精神的な傷を生み、伝統的な日本画と西洋の洋画の間に衝突を引き起こしたと指摘する。洋画は油絵など西洋の技法と様式を採用して、まさに日本の伝統文化との対立を目指した。この衝突は美術館や画廊にある現代の作品だけでなく、習慣や流行、テレビ、音楽、つまり日常の中に今日でもはっきりと認められる。アルイジオ・アゼヴェードは1897年から1899年にかけて横浜の副領事を務めた際の日本に関する未完の書ですでにこの現象を観察している。

　日本が移民だけでなく加工品貿易のために開港するに伴い、ヨーロッパではジャポニズムの流行が広がって行く。印象派の芸術家たちはこの植民地化されていない東洋に、人間と自然との関係の新しい考え方や、儚さの賛美、躍動的な色彩を発見する。逆説的に、日本の芸術家たちは近代化を渇望するあまり過去に背を向け、フランス美術の中で最もアカデミックなものをまさに模倣し始める。このテーマは浮世絵についての記事で探求している。一方でヨーロッパ美術に範を求めながら、他方で独自のナショナル・アイデンティティ（国民としての自己認識）の確立を目指すブラジルの芸術家と共通するところがある。

1. ペドローザ、マリオ。『当地と彼の地の近代性：選集4』。オチリア・ベアトリス・フィオリ・アランテス協会。サンパウロ、Edusp, 1997.

ブラジルのモダニストは何度も前衛芸術を吸収するが、それは第1次世界大戦後の「秩序への回帰」の過程にある時期だった。つまり、最もモダンなものを学ぼうとしながら、結果的に前衛の退潮を吸収してしまうのである。サンパウロ出身のモダニストたちの間では、日本が相違の場となる。例えば、マウファティは「日本人男性」と「日本人女性」と題する絵でモデルに名を与えていない。モダンとはまず、周縁にあるもの、秩序外にあるものを描けることだ。他方、移民たちは自画像を描く。それは自分の顔を、名前を、アイデンティティを持つ手段である[2]。けれども日本では、この対立は日本画と、ヨーロッパの技法やアカデミックな価値観の吸収を目指す洋画の衝突に現れる。つまり、その時期には日本画の方がはるかに独自性があったにも関わらず、日本文化の不可避的な西洋化によって残念ながら力を失ったのである。

サンパウロ美術研究会(聖美会、1935年～1972年)には、技法の上達と作品の発表を促す議論の場を求める日本人芸術家が集った。サンパウロ芸術学校の絵画と人体デッサンの授業に通っていた聖美会メンバーは、彼らと意見の一致する、イタリア系移民を中心とするサンタ・エレナ・グループと接触した。聖美会はこの段階の最初にして唯一の展覧会を日本倶楽部で開催した(1938年)。ブラジルが連合国側として第2次世界大戦に参戦した(1942年)ことで国内の日系人社会(コロニア)の活動は制限され、芸術家たちは集合できず聖美会は離散した。1947年には新たな芸術家を迎えて共同アトリエを設け、活動を再開した。1952年にはサロン聖美を設立し、1952年から1970年にかけて14回の展覧会を開催して、日系ブラジル人芸術家がブラジルの美術界へと羽ばたく機会を広げた。同サロン以外にも重要な動きとして、グルーポ・キンゼ(15人グループ)やグループ・グアナバラといった会が、これら芸術家の活躍によって結成された。本書の記事のひとつ「西洋と東洋との希有で洗練された対話」において、日系移民がひとたび西欧文化の中で生活すれば、それをいかにより系統的に吸収していったかの分析を試みる。戦後日本では具体美術協会が結成される。マリオ・ペドローザによれば具体グループはフランスのタシスムに強く結び付いており、抽象表現主義の新奇なところを貪欲に吸収した。ペドローザによればタシストは掃いて捨てるほどいるが、大多数は構成とフォルムの概念を放棄しなかった。彼が訪れた展覧会には「模倣のごちゃ混ぜ」の精神が支配していた。残念ながら、このプロセスは日本の現代美術で今日も継続しているように見受けられる。精神が欠如し過剰に装飾的となったように見える抽象画にしろ、批判的側面がまったくなく消費文化を育むように思える日本のポップアートにしろそうだ。一方、伝統的絵画も終焉を迎えているようで、構成とデザイン、色彩関係の技巧が以前に比べて明らかに洗練されておらず、ますます説明的になっている。

その一方で、「かの有名な芸術と技術の統合が現実に近づいている国があるとしたら、それは日本である。日本のポスター画家が学んだことは我が国の芸術家にとって貴重なものとなり得る……。我が国の具体主義者たちは自分たちがやっていることの多くをそこに見いだすだろう」とマリオ・ペドローザは語る。リジア・クラークの彫刻「動物」と折紙を関連づけることは有意義だ。日本人は芸術と生活をさほど厳密に区別しないからこそ、デザインや現代建築において明確な自由と力を持っているとペドローザは指摘する。今日では、三宅一生のデザインや安藤忠雄、SANAA、隈研吾といった建築家の作品が、日本文化の生み出す視覚的洗練の中で傑出していると思う。しかしながら、様々な矛盾が現れて今日の日本文化の特殊性を際立たせている。すなわち、西洋と東洋のコントラストや、元号と西暦、仏教と神道、過去の豊かな文化遺産と変転する近代建築、自然への畏敬と福島の災害、西洋化した若者と伝統を守る年配者である。

こうした矛盾は日本文化の一側面となっており、西洋の観察者は往々にして惑わされる。例えば最小限主義(ミニマリズム)の日本、何もない空間、繊細な生け花、いつも和服を美しく着こなす女性たちを期待した人は、醜悪で混沌極まりない空間を見て驚くだろう。一方、それ故に伝統的洗練はいっそう貴重なものとなる。前述した偉大な日本人芸術家たちは新しい魅力的な言語を用いてまさにこの二つの時代に取り組むことができる。しかし残念ながら、そのような芸術家は数少ない。その意味で、現代の日本をある種の郷愁を抱かずに眺めることは不可能であり、これはまさに日本文化のひとつの側面だと思う。なぜなら日本初の偉大な小説と見なされる11世紀の源氏物語からして、8世紀の平安遷都に始まる平和で安寧な時代を回想するからだ。この思いを鎮める妙薬は、間もなく訪れる春を再び待つことだろう。

京都にて、2012年1月

---

2. パウロ・エルケンホフは、日本人のブラジル移民100周年の祝賀の一環としてインスティチュート・トミエ・オオタケが2008年に開催した『視線の絆』展の解説書の中でこう述べている。

Templo xintoísta Nishiki Tenmangu dentro da galeria Teramachi Kyogoku em Kioto. 京都寺町京極商店街の中の錦天満宮

Passante na galeria Teramachi Kyogoku · 寺町京極商店街の通行人

Parada de Jidai Matsuri・時代祭のパレード

Parada de Jidai Matsuri · 時代祭のパレード

Templo xintoísta de Yasaka · 八坂神社

Recortes em papel que demarcam o espaço sagrado do templo xintoísta Yasaka · 八坂神社の神域を示す垂

Sacerdote no templo xintoísta de Yoshida · 吉田神社の神官

Templo xintoísta Kitano Tenmangu - 北野天満宮

Sakura em Hirano · 平野の桜

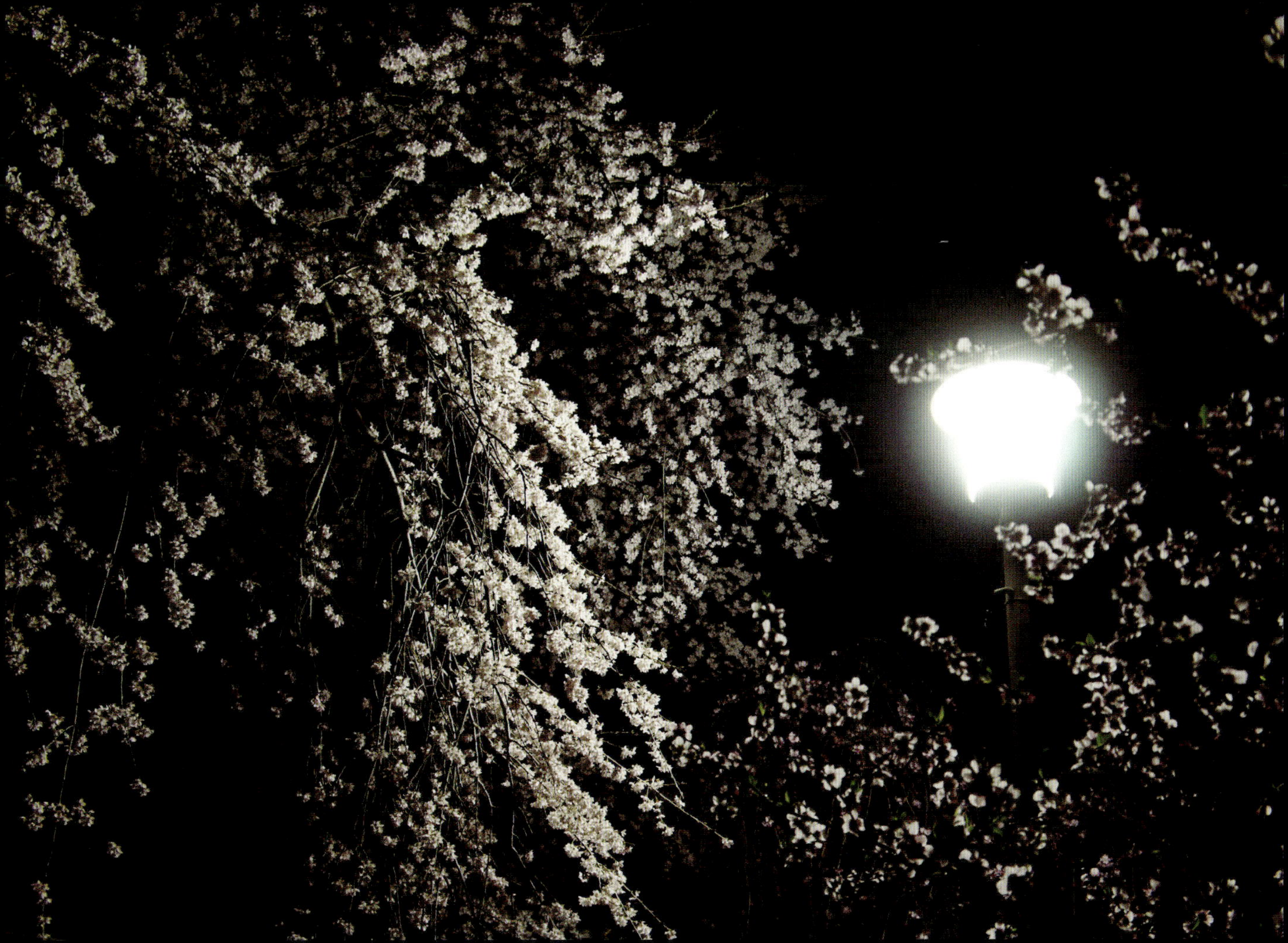

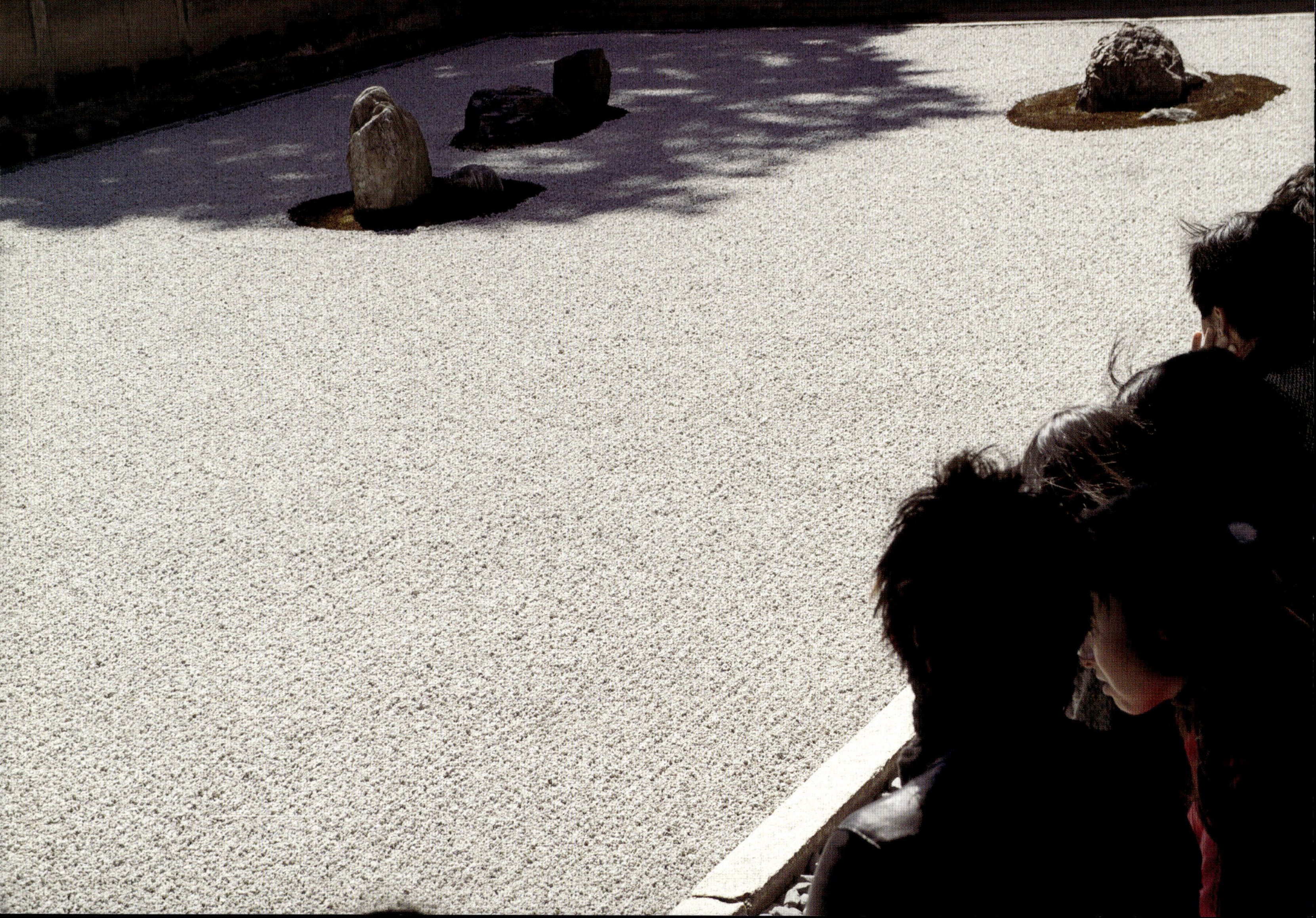

CONTEMPLANDO PEDRAS EM KIOTO

MESMO EM UM MOMENTO DE CRISE, O JAPÃO AINDA REVERENCIA A NATUREZA

17 DE ABRIL DE 2011 Ledo engano pensar sumariamente que o Japão inteiro está neste momento tremendo, sofrendo as agruras de uma iminente crise nuclear. Para quem está ao sul de Tóquio, distante cerca de 600 quilômetros da capital, o tempo é das *sakuras*, das cerejeiras floridas. Todos os japoneses celebram o advento da primavera visitando os parques recobertos por cerejeiras. Não se trata de uma espécie frutífera; foi desenvolvida exclusivamente para fins estéticos. Tudo o que é belo carrega consigo sua dimensão efêmera. Essas flores duram apenas duas semanas e celebram a passagem do tempo.

As cerejeiras passam a ser progressivamente cultivadas, pois são de origem local, em vez das ameixeiras, que vêm da China. Eram em particular admiradas pelos samurais, soldados indicados pelo Imperador, mas que tinham grande poder e autonomia no século XII, porque mostravam um modo, uma forma de vida exemplar: embora seu florescer seja breve, é belo; as flores caem em conjunto, pétala por pétala, e dão lugar às folhagens que vêm a seguir.

Vale salientar que o Imperador aqui é visto de maneira distinta dos reinados presentes no Ocidente. Seu papel é mais do que simbólico e carrega consigo uma herança divina, mesmo que tenha abdicado desse seu poder após a Segunda Guerra Mundial.

O calendário japonês é feito de acordo com o Imperador, de modo que cada ano equivale a um determinado reinado. Kioto mantém uma rixa com a atual capital, pois, na verdade, o Imperador jamais oficializou sua saída da antiga capital. Para os cidadãos daqui, ele está ainda em férias em Tóquio.

Em paralelo à sua presença quase invisível, pois ele raramente é visto, nota-se a presença constante de duas religiões que fazem parte da identidade japonesa: o xintoísmo e o budismo. A primeira tem uma origem propriamente japonesa, advém de mitos animistas e trata, antes de tudo, da vida cotidiana, do dia a dia. A outra advém da Índia, passando pela China, e chega ao Japão no século VI d.C.

O budismo é importante na administração da vida após a morte. É comum que um japonês diga que não tem religião, mas que celebre em alguns momentos determinados ritos xintoístas e que enterre seus parentes em cemitérios budistas.

Já o xintoísmo adquire um papel proeminente novamente a partir da Restauração Meiji, em 1868, na qual o Japão é reunificado sob o reinado de um único Imperador, dotado de poder divino. Ele reencarna o papel do primeiro Imperador, *Jimmu Tenno* (cerca de 660 a.C.[1]), filho da principal divindade xintoísta, *Amaterasu*, a deusa solar.

Pelo fato de ser identificada com uma religião do Estado e celebrar o nacionalismo, muitas vezes essa religião entra em conflito com a filosofia budista, que advém do

---

1. Essa datação, contudo, refere-se a uma história mítica do Japão; estudos mais recentes chegam a postergar esse evento em cerca de mil anos! Ver MASON, R. H. P. *A History of Japan*. London: Tuttle, 1997, p. 25.

exterior e é, portanto, mais internacional, unindo países como Índia, China e Japão.

Os templos budistas têm, portanto, maior autonomia, e, em alguns momentos, buscaram se contrapor ao poder imperial. Em outros momentos, as religiões se fundiram, de modo que certas divindades xintoístas apareceram como manifestações do Buda[2]. No plano ético, a veneração da natureza e o sentimento de estabilidade grupal são princípios determinantes. A árvore celebrada pelos templos budistas é o pinheiro, pois suas folhas nunca caem e estão eternamente verdes.

No famoso jardim de pedras em Ryoan-ji, temos a expressão máxima do jardim zen. Fundado em 1450 por um dos chefes guerreiros[3] mais poderosos do período, Hosokawa Katsumoto, vassalo do xogunato de Ashikaga Yoshimasa, o templo foi construído quando Hosokawa se deu conta de que não iria viver muito mais tempo, decidindo, então, retirar-se para uma vida com monástica. De fato, ele morreu no mesmo ano em que o templo foi construído. A concepção do jardim é atribuída[4] ao pintor e jardineiro Soami (c.1472-1525).

Com formato retangular, medindo 25 por 10 metros, o jardim contém 15 pedras irregulares rodeadas por musgo e envoltas por pedregulhos brancos minuciosamente dispostos, formando um desenho ondulado. A seu lado, há um pavilhão onde se pode contemplar o jardim por horas a fio. Para alguém familiarizado com a arte contemporânea, trata-se de uma das mais belas instalações jamais vistas.

Quanto mais se observa, mais o tamanho das pedras parece adquirir uma escala monumental, e o observador parece diminuir, como na famosa descrição da experiência do sublime do romantismo alemão. Elas parecem sempre distintas, conforme o ponto de vista, mas salientam a sensação de permanência e estabilidade, em contraponto ao suntuoso jardim que ora apresenta cerejeiras em flor, ora celebra o outono e a passagem do tempo.

Em uma terra que treme, esse jardim celebra o oposto, a experiência zen do *Satori*, do despertar para a vida. Num momento em que toda a nação se torna mais solidária devido à tragédia do terremoto, seguido por um *tsunami* que destroçou Fukushima, essas pedras são o exemplo da capacidade japonesa de procurar estabilidade quando tudo que "é sólido parece se desmanchar no ar" a qualquer instante.

2. Nota do tradutor japonês: na fase inicial da introdução do Budismo, no século VI, houve conflito com o xintoísmo. Todavia, a Constituição de Dezessete Artigos, código de ética para os burocratas e nobres, escrito no ano 602 pelo Príncipe Regente Shotoku, estipulou no seu artigo segundo que se deve "Reverenciar sinceramente os três tesouros: o Buda, seus ensinamentos e a comunidade ordenada". Desde então, o Budismo se tornou instrumento de governança do Estado, tanto é que a própria família imperial construiu vários templos budistas. Os templos budistas começaram a possuir força militar no final do Período Heian, e se opuseram ao poder imperial e aos *Daimyos* (senhores territoriais) no período Sengoku marcado por constantes guerras. A ideia de Honji Suijaku de que divindades xintoístas seriam manifestações de divindades budistas promoveu o sincretismo entre as duas religiões, fenômeno que perdurou até a Restauração Meiji. O recém-instalado governo Meiji proibiu o sincretismo xinto-budista e instituiu o xintoísmo como a religião do Estado. Todavia, após a rendição japonesa na Segunda Guerra Mundial, o Xintoísmo estatal foi extinto pela Ordem Xintoísta do comandante supremo das Forças Aliadas.

3. NT: De acordo com o *site* oficial de Ryoan-ji, o templo foi fundado em 1450. Porém, foi destruído em 1468 durante a Guerra de Onin (1467 a 1477), guerra civil que envolveu todo o país e avassalou a capital Kioto, da qual Katsumoto foi o líder do Exército Leste. O templo foi reconstruído por Masamoto, filho de Katsumoto, em 1488. O pavilhão e o jardim de pedras foram construídos em 1499.

4. NT: De acordo com o *site* oficial de Ryoan-ji, há várias teorias quanto ao autor do jardim de pedras. Livros históricos regionais atribuem a Soami, mas não há provas concretas.

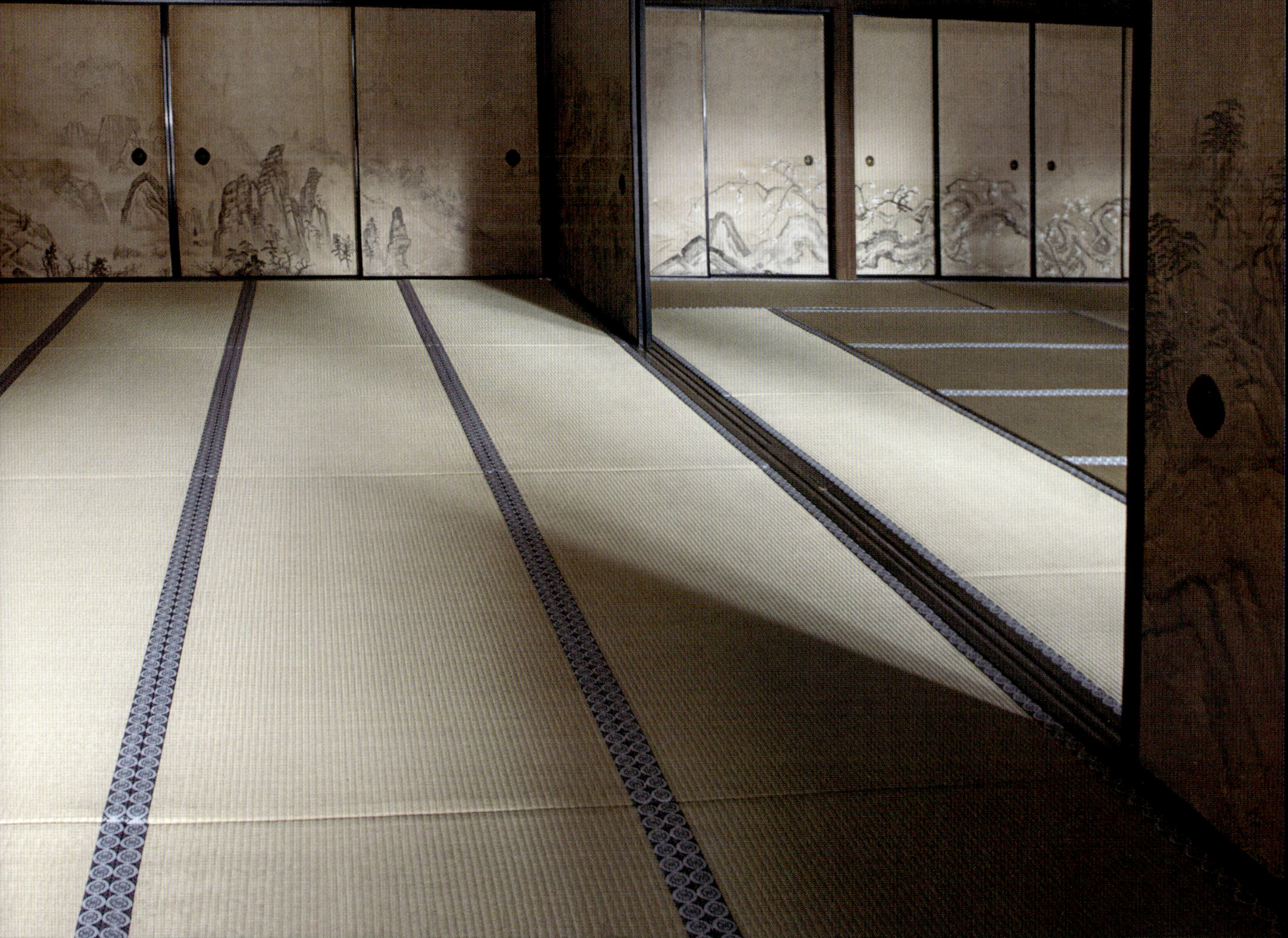

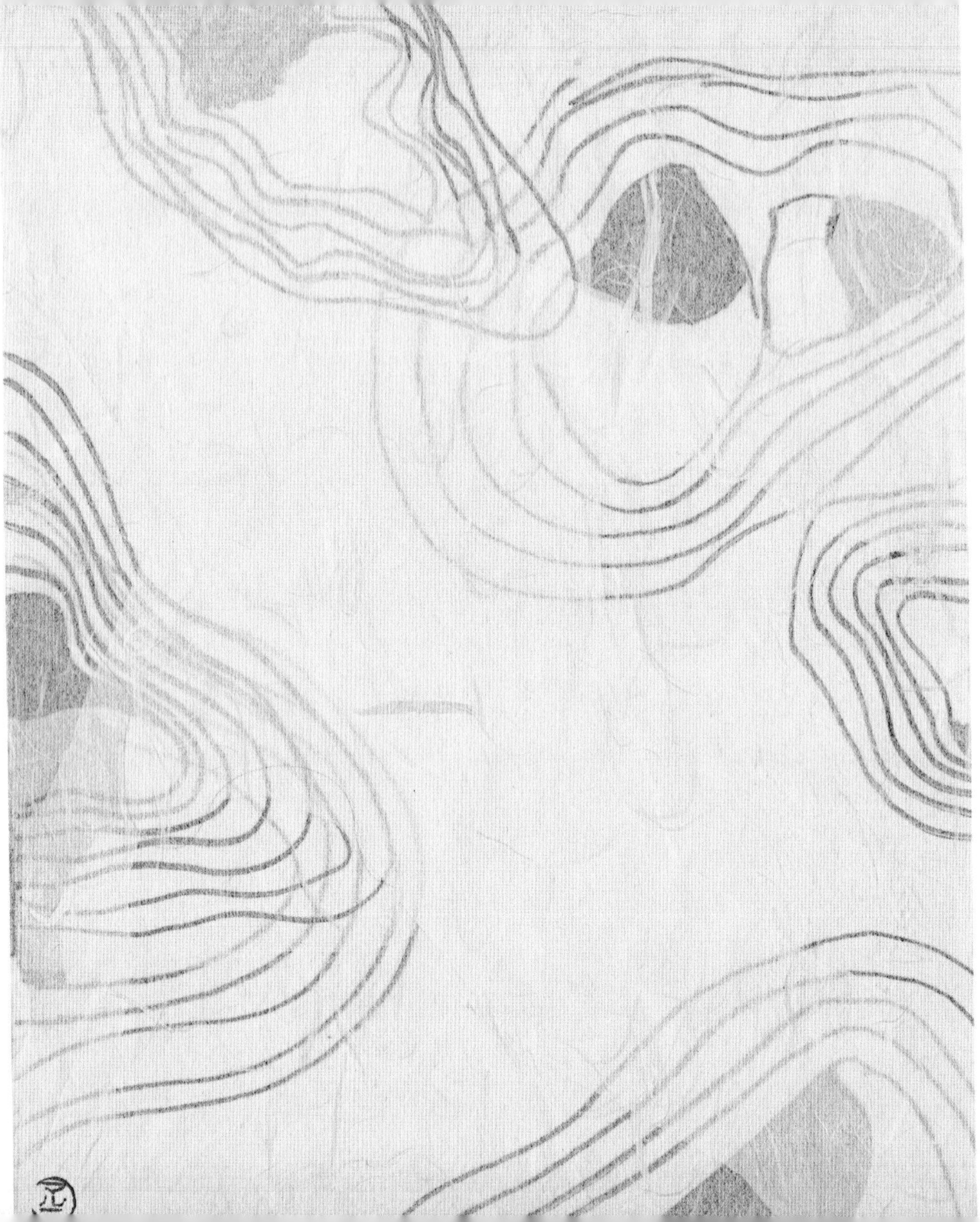

京都で石を観照して

危機の最中にあっても日本は自然を敬う

2011年4月17日 この瞬間に日本全土が揺れ、切迫する原子力危機に苦悩していると短絡的に考えるのは素朴な勘違いだ。東京より西にいる、首都から600キロ離れた人々にとって、今は桜の開花の季節である。日本人は皆、桜に覆われた公園を訪れて春の到来を祝う。これは実のなる種ではなく、もっぱら鑑賞用に開発された種である。美しいものはすべて、儚さを合わせ持っている。桜の花は2週間しかもたず、時の移ろいを讃える。

日本原産の桜は次第に、中国由来の梅に代わって栽培されるようになった。桜をことのほか愛でたのは、天皇によって任命され、12世紀には強大な権力と自治権を持っていた武士である。桜は侍にとって模範的な生き方を示していたからだ。花の命は短いが、美しい。桜の花は一斉にはらはらと散り、新緑に道を譲る。

ちなみに日本の天皇は西洋の王国とは異なる見方をされている。天皇は象徴以上の役割を担い、第2次世界大戦後に神格を放棄したとはいえ、神性を継承している。

日本の暦は天皇に基づいており、年号は特定の御代に相当する。実は天皇は旧都を離れることを公式に認めたことがないので、京都は現在の首都と仲違いしている。京都の人々にとって、天皇はまだ東京で休暇を過ごしているのだ。

天皇はめったに人前に姿を現さず、ほぼ透明な存在だが、その一方で、日本人のアイデンティティの一部をなす二つの宗教の存在が常に目に留まる。神道と仏教である。神道は日本独自の起源を持ち、アニミズムの神話に由来し、なによりも日常生活に関係している。仏教はインドにルーツを持ち、中国を経由して6世紀に日本にもたらされた。

仏教は来世の営みにとって大切である。日本人は無宗教だと言いながら、ある時は神道の儀式を行い、親族を仏教の墓地に埋葬するのが普通だ。

一方の神道は、神聖な権力をもつ唯一の天皇の治世の下に日本が再統一された1868年の明治維新以降、再び卓越した役割を担うようになる。天皇は、神道の中心的な神である太陽神・天照大神の子である初代天皇・神武天皇（紀元前6世紀頃[1]）の生まれ変わりとなった。

神道は国家の宗教と見なされナショナリズムを称揚したので、外来の仏教哲学としばしば衝突した。仏教はより国際的で、インドや中国、日本を結び付ける。

仏教寺院はより強い自治権を持ち、ある時代には朝廷と対立した。また別の時代には、神仏が習合し、神道の神々の中には仏の化身として顕現するものもある[2]。倫理面では、自然への畏敬と集団の安定への思いが根本原理である。仏教寺院が讃える木は、決して落葉せず永遠に緑の葉が茂る松である。

有名な龍安寺の石庭は、禅庭園の最高表現である。将軍・足利義政の家臣で、当時の有力武将の一人である細川勝元によって1450年に創建された[3]。勝元は余命幾ばくもないことを悟り、剃髪した時のことである。実際、勝元はその年に没する。庭園の構想は画家・造園家の相阿弥（1472?－1525）によるとされている[4]。

---

1. 但し、この推定年代は日本の神話に基づく。近年の研究によれば、この出来事は約1000年後と推定される。メーソン, R.H.P.『日本の歴史』。ロンドン：Tuttle, 1997, p.25を参照。

2. （日本語版翻訳者の注）6世紀に仏教が伝来した当初は神道との対立があった。しかし、聖徳太子が602年に作成した十七条憲法（官僚と貴族のための道徳規範）は第2条に「篤く三宝を敬え。三宝とは仏法僧なり」と定めた。以降、仏教は国家を統治する手段となり、天皇家自ら様々な仏教寺院を建立した。仏教寺院は平安時代末期には軍事力を備えるに至り、戦国時代には朝廷や大名に抵抗した。神道の神々は様々な仏の化身であるとする本地垂迹説によって神仏習合が進み、この流れは明治維新まで続いた。明治新政府は神仏分離令を出し、神道を国教とした。しかし第二次世界大戦の敗戦後、連合国軍最高司令官総司令部（GHQ）が発した「神道指令」によって国家神道は廃止された。

3. （訳注）龍安寺の公式サイトによると、この寺は宝徳2年（1450）に創建されたが、応仁の乱（1467～1477）によって1468年に消失した。京都が灰燼に帰したこの全国的規模の内乱で細川勝元は東軍の総帥を務めた。龍安寺は勝元の実子・政代によって長享2年（1488）に再興された。方丈の建立と石庭の築造は明応8年（1499）になされた。

4. （訳注）龍安寺の公式サイトによれば、石庭の作者については諸説ある。地誌類には相阿弥の作庭と伝えるが、確証はない。

庭園は幅25メートル奥行き10メートルの長方形で、苔むす不定形の15個の石が配置され、石の周りに白い砂利が波の形に緻密に敷きつめられている。その横には、庭園を何時間でも眺められる方丈がある。現代美術に親しんだ者にとって、類い希な美しいインスタレーションである。

　眺めれば眺めるほど、石はいっそう巨大化するかに思え、観察者は縮小していくように思えてくる。かの有名なドイツ・ロマン主義の至高体験の描写のように。石は視点に応じ常に遠くかなたに見えるが、永続性と安定性の感覚を際立たせており、これとは対照的に華やかな庭園は時に桜が咲き誇り、時に秋の訪れと時の移ろいを讃える。

　大地が揺れるこの国で、この庭園はその逆を、禅の悟りの境地を、生への覚醒を讃えている。福島を壊滅させた地震と津波の悲劇に全国民が一丸となっているこの時期、これらの石は、今にもすべて「形ある物は空に帰すかに思える」中に安定性を見いだす日本人の能力を示している。

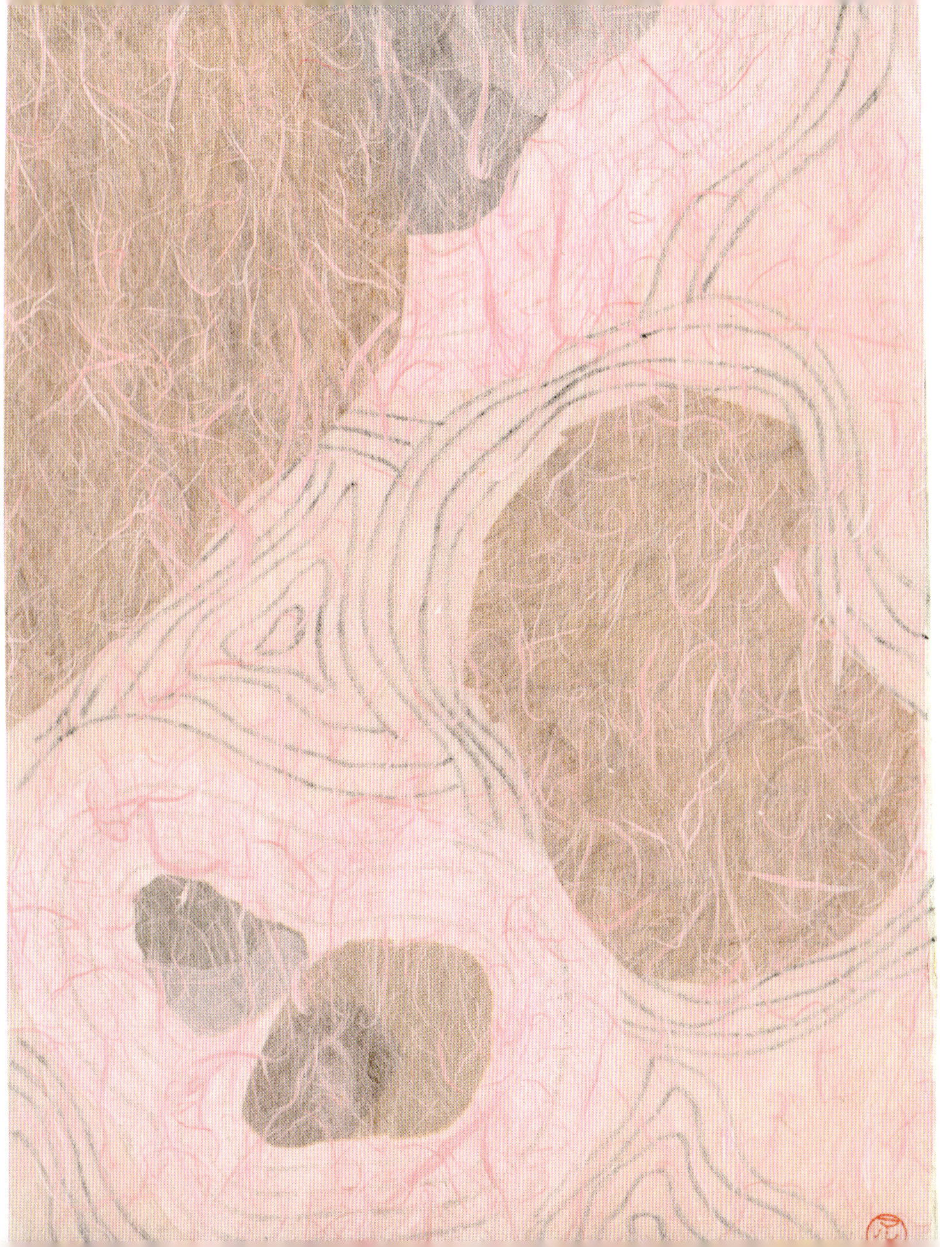

繊塵不立峯巒峙
涓滴無存澗瀑流

　せんじん　　　　　　　　　ほうらん　そばだ
繊塵も立てずして峰巒は峙ち
　けんてき　　　　　　　　　　　　かんばく
涓滴も存すること無くして澗瀑は流る

(塵ひとつ立てずに山は聳え立ち
水を一滴も滴らせずに瀑布は流れる)

語録「枯山水韻」
夢窓疎石（1275-1351）

SEM LEVANTAR UMA ÚNICA POEIRA,
A MONTANHA SE ERGUE,
SEM RESPINGAR UMA ÚNICA GOTA,
A QUEDA D'ÁGUA CORRE.

Ode à paisagem seca
Muso Soseki (1275-1351)

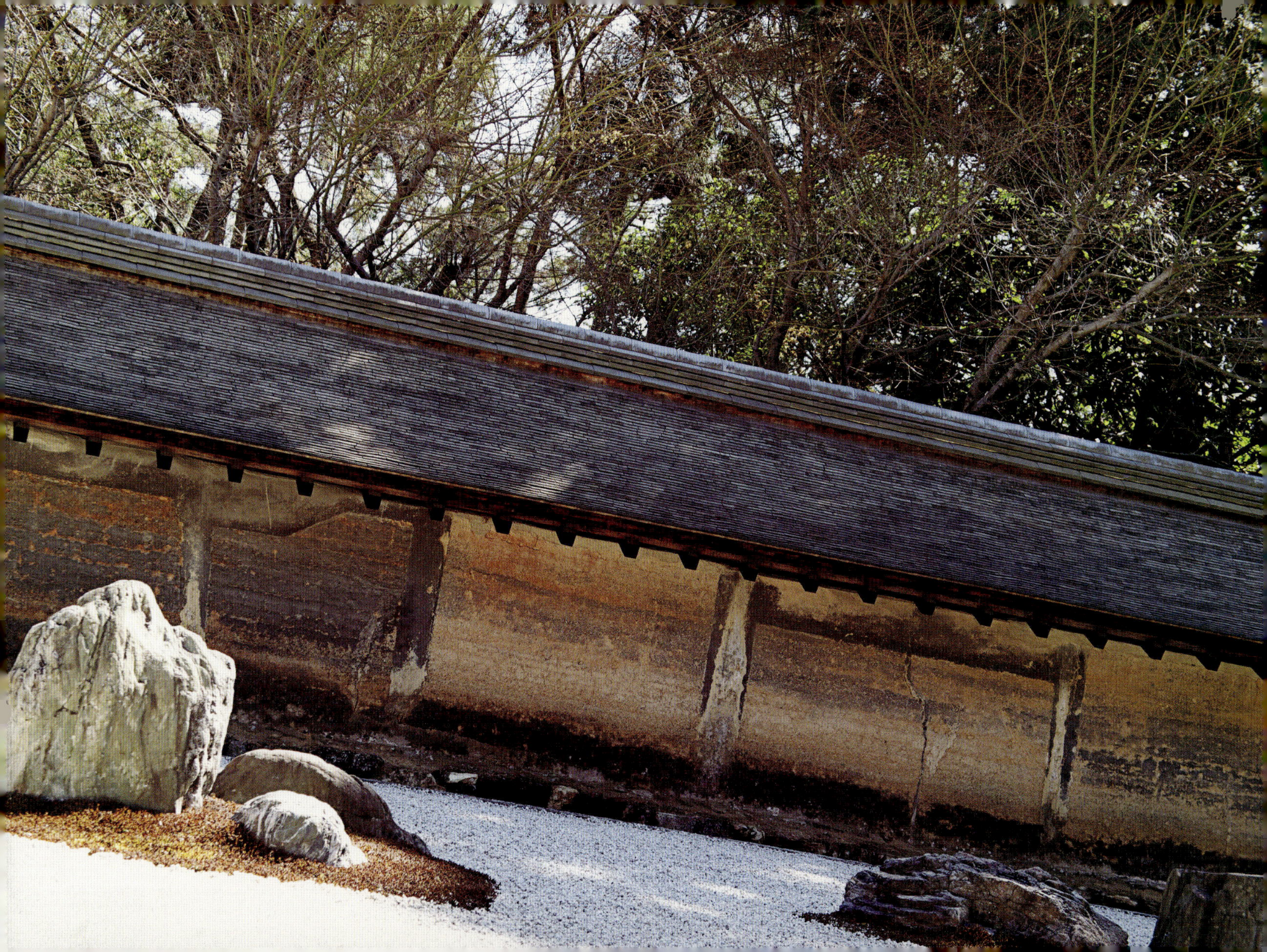

Jardim Zen em Ginkaku-ji · 銀閣寺の禅庭園

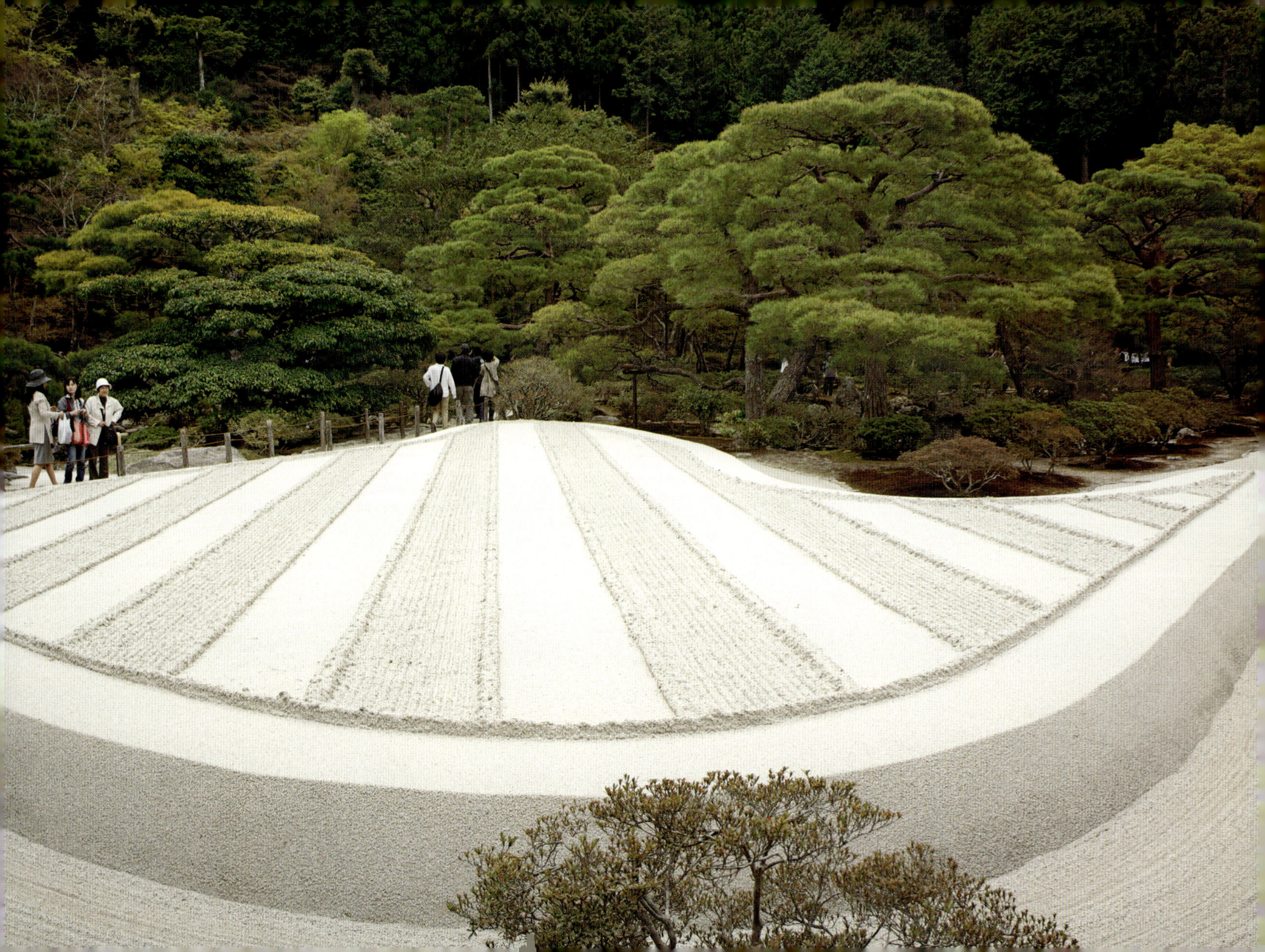

Jardim Zen em Ginkaku-ji・銀閣寺の禅庭園

Jardim Zen em Ginkaku-ji · 銀閣寺の禅庭園

御白石

Pedra no templo xintoísta de Shimogamo · 下鴨神社の御白石

Colagem com washi · 和紙のコラージュ · 35 x 25 cm

Janela em Daitoku-ji · 大徳寺の障子

Janela em Daitoku-ji · 大徳寺の障子

Portão em Sanjusangendo · 三十三間堂の門

Colagem com washi · 和紙のコラージュ · 35 x 25 cm

なに笑顔を届けたい。
改源
エールの
風を届けたい
戸堂歯科
CHINTAI
毎週水曜日発売
賃貸住宅ニュース
太陽楼
食べ放題
自助餐
力を合わせよう日本
レイク
鳥治食品
エイブル
カラオケ
SHIDAX
3
くくる
水の都大阪再生
KAYAMA

ARTE EM DIÁLOGO COM A NATUREZA

COM OBRAS EXPOSTAS EM MEIO À PAISAGEM DE ILHA NO JAPÃO, PROJETO DE TADAO ANDO É INSPIRADO EM CLAUDE MONET

22 DE MAIO DE 2011 A passagem do tempo pode ser sentida no Japão através das estações, onde mudanças são visíveis e cultivadas pela prática milenar da jardinagem; quando a vegetação é minuciosamente planejada para se destacar tanto na primavera como no outono. Além do paisagismo, a arquitetura permeia a relação do homem com a natureza. O Japão tem uma longa tradição no preparo da madeira e do papel de arroz, a fim de construir ambientes que dialoguem com as estações. Em muitos templos zen é possível encontrar um grande pátio que se abre para fora, permitindo a contemplação da natureza. Obviamente, apenas os nobres tinham esse privilégio do ócio, pois, quando se trabalha arduamente no campo, essa experiência é impraticável. Da mesma forma que as estações renovam a natureza, a arquitetura também deve se renovar. Alguns templos xintoístas são inteiramente reconstruídos a cada 20 anos[1], pois "até os deuses gostam de uma casa nova". Contudo, após o intenso processo de reconstrução do país, depois da Segunda Guerra Mundial, a harmonia entre o homem e a natureza sofreu um abalo tremendo, com a especulação imobiliária intensa modificando a relação harmônica das cidades com a paisagem.

Osaka, cidade onde nasceu o célebre arquiteto Tadao Ando, ficou como São Paulo, cortada por viadutos que a deixaram fragmentada. O escritor Haruki Murakami diz que a cidade moderna no Japão se parece com a boca de uma criança na fase da troca de dentes. Uma mesma avenida, ao longo do seu percurso, pode apresentar lojas de alto luxo ao lado de plátanos, como nos Campos Elísios em Paris, para, em seguida, tornar-se um local sujo, de revenda de computadores. Ao procurar um refúgio, um parque na cidade, deparei com um shopping de nove andares chamado Namba Parks, que tem apenas no terraço suspenso um pequeno jardim pré-moldado. É possível percorrer o canal Dotombori como se estivéssemos em Veneza, mas, infelizmente, as fachadas, além de feias, não se voltam para o canal. A experiência só se torna instigante durante a noite, devido aos painéis luminosos eletrônicos que fazem a cidade pulsar.

Resgatar a "experiência perdida com a natureza" não é fácil nem aqui nem no Brasil. Os espaços preservados sempre estão ameaçados. Certa vez, ao visitar a Casa das Canoas, de Niemeyer, fiquei surpreso ao ver uma pedra imensa perpassar a sala, em direção à piscina. Talvez o primeiro a explorar essa relação tenha sido Frank Lloyd Wright, que, por sua vez, sempre manteve forte relação com a arquitetura japonesa. A casa foi projetada em 1951 e suscitou polêmica entre os arquitetos: li uma nota de Niemeyer ridicularizando Gropius, que o havia criticado pelo fato de sua casa não ser reprodutível! Mas o que torna esse projeto fascinante é justamente sua implantação no sítio. Niemeyer nos diz que sua

1. NT: O ciclo de reconstrução dos templos xintoístas varia, mas na maioria das vezes é de 20 anos.

"preocupação foi projetar essa residência com inteira liberdade, adaptando-a aos desníveis do terreno, sem o modificar, fazendo-a em curvas, de forma a permitir que a vegetação nelas penetrasse, sem a separação ostensiva da linha reta"[2].

A Casa das Canoas é um dos exemplos mais perfeitos de como Niemeyer consegue integrar seus projetos ao entorno, e é uma pena que a ampliação desordenada da favela vizinha na floresta acabe colocando em risco a preservação da casa e do jardim. Em sua parceria com o grande paisagista Burle Marx, essa preocupação em harmonizar a arquitetura com a natureza se manteve constante. Brasília, porém, altera essa situação, pois o cerrado deveria ser ocupado de maneira distinta, graças às suas peculiaridades naturais. "Coube a Lucio Costa, o arquiteto brasileiro mais erudito do século, e a Oscar Niemeyer, o mais habilidoso, dar-lhe forma. Apartada da natureza, a 'sua' Brasília ao mesmo tempo que prolongou um modo 'tradicional' de lidar com o território no Brasil, inventou os meios de se pensar uma nova natureza construída." Nas palavras de Costa: "Ao contrário das cidades que se conformam e se ajustam à paisagem, no cerrado deserto e de encontro a um céu imenso, como em pleno mar a cidade criou a paisagem."[3] Com o advento das novas metrópoles, a única maneira de resgatar uma relação "bucólica" com a natureza e a arte talvez seja se refugiar em sítios distantes. No Brasil, temos o exemplo de Inhotim, localizado perto de Belo Horizonte, que exibe suntuosos jardins, com obras de arte instaladas ao seu redor, bem como nos edifícios especificamente construídos para abrigar obras de arte contemporâneas. O espaço concebido pela iniciativa privada se torna público ao permitir o acesso de todos. Em uma visita durante o fim de semana, notei um grande fluxo de público, inclusive com pessoas simples, o que demonstra o sucesso do empreendimento.

Uma das obras mais complexas de Tadao Ando é justamente um projeto dessa natureza: *Benesse Art Site* surgiu a partir da iniciativa privada, em 1989, em uma ilha chamada Naoshima. O projeto atualmente engloba três museus com hotéis vicinais e algumas obras de arte expostas na paisagem e na cidade. Para Ando, a relação com a natureza parece ser o *leitmotiv*, a pedra de toque de seu projeto. Mas, cabe indagar, que natureza? Embora esteja situado magistralmente no topo da ilha e ofereça uma vista deslumbrante, o projeto arquitetônico é muito mais impactante quando se volta para o interior, no diálogo entre as paredes de concreto e os jardins internos de inspiração zen. Nesse momento, a natureza exterior parece suspensa, e o que importa é o diálogo controlado entre luz, pedra, concreto, planta e musgo. "Construo espaços fechados principalmente por meio de grossas paredes de concreto. A razão principal é criar um lugar para o indivíduo, um lugar para si na sociedade. Quando os fatores externos do ambiente de uma cidade exigem que se faça uma parede sem aberturas, o interior deve ser pleno e gratificante... Algumas vezes as paredes manifestam um poder que chega a ser violento, pois têm poder de dividir espaços, transfigurar o lugar e criar novos domínios. As paredes são um dos elementos mais básicos da arquitetura e um dos mais gratificantes."[4]

O Museu de Arte Chichu é seu projeto mais ousado justamente por essas características, e o próprio nome é sintomático, pois remete à ideia de um *bunker* construído no

---

2. Citação presente no *site* oficial de Niemeyer: www.niemeyer.org.br.

3. COSTA, apud WISNICK, Guilherme. "Brasília: natureza reinventada", em KIM, Lina; WESELY, Michael. *Arquivo Brasília*. São Paulo: Cosac Naify, 2010, p. 496.

4. ANDO, Tadao. *The Wall as a Territorial Delineation*. London: Phaidon Press, 1994, p. 445.

interior de uma montanha. Tadao Ando afirma que fez isso justamente por respeito à natureza, não desejando fazer um projeto que violentasse a relação entre montanha e mar, algo que, infelizmente, ocorre com grande frequência no nosso litoral. O projeto é magnífico e oferece uma experiência peripatética; ao andar pelos corredores, temos o impacto da luz incidindo nas diversas superfícies do espaço. O motivo que inspirou a construção do museu foram as ninfeias de Claude Monet. O museu apresenta cinco obras, sendo que uma é de grande dimensão e faz parte da famosa série de pinturas que Monet, em 1926, deixou como seu legado no museu *Orangerie*, em Paris. Monet é reverenciado por aqui, pois sua obra é a que mais revela o espírito japonês no Ocidente. Em busca de um motivo para a sua pintura, o pintor construiu em Giverny um jardim artificial com lagos e ninfeias, onde colocou, inclusive, uma ponte japonesa. Tadao Ando planejou uma sala impecavelmente branca, com paredes curvas, como em *Orangerie*, mas com a delicadeza japonesa dos detalhes. Entramos em uma sala com luz zenital, em que o chão é recoberto com tesselas de mármore italiano. É preciso entrar com pantufas, para não sujar o ambiente, que se assemelha mais a um templo do que a uma sala de exposição: estamos diante de um espetáculo da natureza... Pictórica! Os artistas contemporâneos que fazem contraponto a Monet são artistas internacionalmente reconhecidos pelo seu trabalho de instalações na natureza, a chamada *Land Art*.

Em uma escadaria especialmente projetada, Walter de Maria instalou uma enorme esfera negra de dois metros de diâmetro. Além disso, em todas as paredes da sala, foram aplicadas barras laminadas de ouro em relevo. A esfera reflete todo o espaço interno e temos a impressão de estar numa sala devotada a algum culto misterioso.

James Turrell, por sua vez, trabalha eminentemente com cor e luz e provoca no espectador sensações fisiológicas fascinantes e perturbadoras. O vão de uma sala é projetado com uma luz azul tão intensa que temos a sensação de estarmos diante de uma passagem para outra dimensão. Em ambos os casos, a experiência direta da natureza é colocada em suspenso, tanto, que chegamos até a esquecer que estamos em uma ilha no Japão, pois todo conjunto almeja transcender o tempo e o espaço. Outro artista importante para Ando é o fotógrafo Hiroshi Sugimoto.

No Museu Benesse House, é possível ver várias imagens em preto e branco que retratam o limiar entre céu e mar, imagens que remetem às últimas pinturas de Mark Rothko, em que o sublime é novamente colocado em questão.

Sua obra é ainda mais fascinante no interior do hotel, em uma sala reservada para os nobres hóspedes, onde imagens muito escuras aos poucos se revelam ao observador: a imagem de uma floresta noturna, a imagem de uma capela projetada por Ando que revela uma cruz em contraluz. Podemos notar em todos esses casos um embate constante entre exterior e interior, o nosso espaço interior e o mundo que vemos à nossa volta.

Será que a arquitetura contemporânea procura resgatar esse diálogo com a natureza mediante essa experiência interna, fechada? Uma das respostas possíveis pode ser dada pelo Museu Brasileiro de Escultura, projetado por mais um ganhador do prêmio Pritzker, Paulo Mendes da Rocha. Inicialmente concebido para ser um museu sobre arte e paisagismo e para abrigar um jardim, o museu se fecha para o exterior. De fato, é possível sentir mais a presença da natureza nas marcas e ranhuras do concreto do que no tímido jardim ao seu redor.

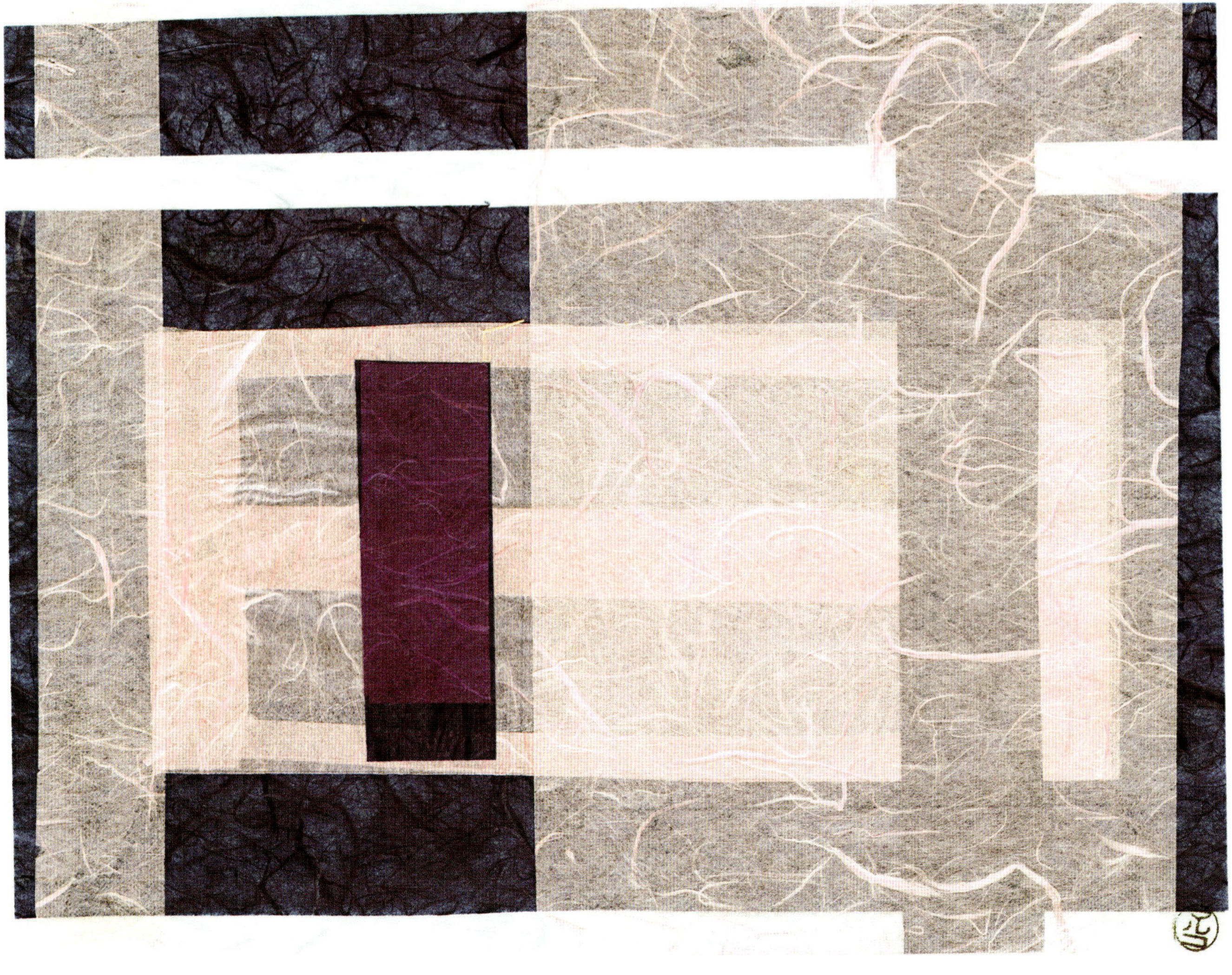

自然と対話する芸術

日本の島嶼景観に展示された作品
安藤忠雄の建築はクロード・モネに霊感を得る

2011年5月22日　日本では四季によって時の移ろいを感じることができ、季節の変化は千年来の風習である庭園造りによって視覚化され生み出されてきた。植生は春にも秋にも映えるように綿密に計画されている。建築は造園だけでなく、人間と自然との関係に分け入る。日本には古くから、木材と和紙を用いて四季と対話する環境を造る伝統がある。多くの禅寺では外に開けた中庭があり、自然を観察できる。むろん、こうした余暇の特権は貴族に限られ、田畑で汗水垂らして働く者にはこんな体験は望むべくもない。四季によって自然が生まれ変わるように、建築も生まれ変わるべきだ。いくつかの神社は20年ごとに¹完全に造り替えられる。なぜなら「神々も新しい宮を好まれる」からである。しかし、第2次世界大戦後の精力的な復興作業の後に、人間と自然との調和は激震に見舞われる。激しい不動産投機によって街と風景の調和的関係が揺らいだからだ。

著名な建築家・安藤忠雄が生まれた大阪は、サンパウロと同様に高架道路でばらばらに分断された街と化した。作家の村上春樹は、現代の日本の都市は歯の生え替わっている子どもの口のようだと述べている。大通りに沿って、パリのシャンゼリゼのようにプラタナス並木と高級店があるかと思えば、途中からパソコンの小売店のある汚い場所に変わる。休憩しようと街の公園を探していたら、なんばパークスという9階建てのショッピング・センターに出くわした。ここの屋上にコンクリートに囲まれた小さな公園があるだけだった。道頓堀の運河はヴェネツィアのようにクルーズできるとはいえ、残念ながら建物の正面（ファサード）は醜い上に運河に背を向けている。この船旅をお勧めできるのは、ネオンの灯りで街が活気づく夜間だけだ。

「失われた自然体験」を取り戻すのは、日本でもブラジルでも容易なことではない。保護区は常に脅威にさらされている。ある時、ニーマイヤーのカーザ・ダス・カノアスを訪れると、驚いたことに巨大な岩がリビングルームからプールまで貫いていた。こうした自然との関わりを初めて探求したのはフランク・ロイド・ライトかもしれない。ライトは常に日本建築と深く交わっていた。ニーマイヤーの家が設計されたのは1951年で、建築家のあいだで物議を醸した。この家は複製可能ではないと批判したグロピウスを嘲笑するニーマイヤーの一文を読んだことがある。この設計が魅惑的なのは、まさに田舎に建てるからだ。ニーマイヤーによれば、「この住まいを全く自由に設計し、土地に手を加えず、その起伏に合わせ、曲線を用い、植物が中に入り込めるようにして、直線のこれ見よがしの分断を避けることに配慮した」²。

カーザ・ダス・カノアスはニーマイヤーが自分の設計と周囲を統合できるという完璧な実例のひとつであり、森林にある近くのスラム街の無秩序な拡張のせいでこの邸宅と庭の保存が脅かされているのが惜しまれる。ニーマイヤーは偉大なランドスケープ・アーキテクトのブール・マルクスと組んで、常に建築と自然との調和に気を配っている。しかしブラジリアでは事情が違った。セハード（ブラジル中西部に広がるサバンナ）はその自然特性の故に異なる方法で征服すべきだったからだ。20世紀の最も博学なブラジル人建築家ルシオ・コスタと随一の技巧家オスカー・ニーマイヤーがブラジリアに形を与える役目を担った。自然から隔離された「彼らの」ブラジリアは、ブラジルの「伝統的」な領土の扱い方を踏襲すると同時に、創られた新しい自然という考え方を発明した。コスタの言葉によれば、「風景に順応してそれに適合する都市とは反対に、荒野のセハードで大空に対峙して、大海原にいるかのように都市が風景を作り出した」³。新しい大都市の出現に伴い、自然や芸術との「牧歌的」関係を回復する唯一の道は、遠く離れた田舎に避難することかもしれない。ブラジルでは、例えば

---

1. （訳注）式年遷宮（社殿の建て直し）の周期は神社によって異なるが、20年ごとに行うケースが多い。
2. ニーマイヤーの公式サイト（www.niemeyer.org.br）からの引用。
3. リナ、キム；ウェズレー、マイケル。『ブラジリア・アーカイブ』。サンパウロ：Cosacnaify, 2010, p. 496 所収の、コスタ・アブッド・ヴィスニッキ、ギリェルミ。「ブラジリア：自然の再発明」

ベロオリゾンテ市近郊にある「イニョチン(INHOTIM)」が、周囲に美術作品を配した贅沢な庭園と、現代美術作品を展示する特設の建物を備えている。民間企業が発案したこの空間は、あらゆる人々の利用を許可して公共の場となっている。週末に訪れてみると大勢の人々が来場しており、貧しい人々の姿も見受けられるので、この事業は成功といえる。

　安藤忠雄の最も複雑な作品のひとつはまさにそういった性格のプロジェクトだ。ベネッセアートサイトは1989年に直島の民間事業から生まれた。同プロジェクトには現在3つの美術館とそれぞれに隣接するホテル、そして景観と街中に展示されたいくつかの美術作品が含まれる。安藤にとり、自然との関係は設計のライトモチーフ、試金石のようだ。だが果たしてどの自然か？　島の頂上に堂々と建ち目映い景色を眺められるとはいえ、建築設計はその内側の、コンクリート壁と禅に着想した中庭との対話のほうがより衝撃的である。その瞬間、外部の自然は止まったかに思え、光と石、コンクリート、植物、苔の抑制された対話だけが重要になる。「重厚なコンクリートの壁を主に用いて閉じた空間を作る。最大の理由は個人の居場所、社会の中の居場所を作るためだ。街の環境という外的要因によって開口部のない壁を造らねばならない時、内部は完璧で心地よくなければいけない……。時として壁は暴力的なまでの力を示す。空間を仕切り、場を変容させ、新たな領域を生み出す力を持っているからだ。壁は建築の最も基本的な要素のひとつであり、もっとも心地よいものだ」4。

　地中美術館はまさにそうした特徴の故に安藤の最も大胆な設計であり、その名称自体が示唆的で、山の中に築かれた地下シェルターを連想させる。安藤は、自然に敬意を払ったからこそそうしたのであり、山脈と海の関係を破壊する設計は避けたかったと言うが、これは残念ながらブラジルの沿岸ではよくあることだ。設計は素晴らしく逍遙学派のように散策しながら思索できる。回廊を歩くと、空間の様々な面に光が降り注ぎ満ち溢れている。この美術館の建設のモチーフとなったのはクロード・モネの睡蓮である。同美術館には5作品が展示されており、そのひとつは大作でモネが1926年にパリのオランジェリー美術館に遺贈した有名な連作の一部だ。モネはこの国で敬われている。彼の作品は西洋の中で最も日本精神を表現しているからである。

　モネは絵のモチーフを求めてジヴェルニーに池と睡蓮のある人工庭園を造り、太鼓橋まで設置した。安藤忠雄はオランジェリー美術館のような湾曲した壁のある、細部に日本的繊細さを備えた完璧に白い部屋を設計した。天頂照明のある部屋に入ると、床はイタリア産大理石のモザイクで覆われている。周囲を汚さないようスリッパを履いて入室する必要があり、展示室というよりは神殿に似ている。私たちは自然の壮観……絵画的壮観を目の当たりにしている！　モネと好対照をなす現代作家は、自然の中のインスタレーション、いわゆる「ランド・アート」で国際的に認められた芸術家たちである。

　ウォルター・デ・マリアは特別あつらえの階段に直径2メートルの巨大な黒球を置いた。さらに、室内のすべての壁に金箔を施した棒をレリーフのように設置した。球は内部空間全体を映し、なにか神秘的な祭儀に捧げる部屋にいる印象を受ける。

　一方、ジェームズ・タレルは色と光を巧みに使い、観客を幻惑し混乱させる生理的感覚を引き起こす。ある部屋の開口部はあまりにも強烈な青い光で照射されているので、間もなく別の精神的次元へ移行する気持ちになる。いずれの場合も、自然の直接体験は中断され、日本の島にいることさえ忘れてしまう。美術館全体が時空間の超越を目指しているからだ。安藤にとって大切なもう一人の芸術家は写真家の杉本博司である。

　ベネッセハウスミュージアムでは、空と海の間の閾を写した杉本の様々なモノクロ写真を見ることができる。これらの写真は至高を再び取り上げたマーク・ロスコの晩年の絵を彷彿とさせる。

　彼の作品はホテルの賓客専用室ではいっそう魅惑的で、非常に暗い画像が観察者の目に次第に姿を現す——夜の森の画像、逆光の十字架が浮かぶ安藤の設計による礼拝堂の画像。いずれの場合も、外界と内界、私たちの内的宇宙と私たちの周囲にある世界の衝突に気づくことができる。

　現代建築はこの内的体験、閉鎖的体験を通じて自然との対話の奪還を目指しているのだろうか？　ひとつの答えとなり得るのは、プリツカー賞受賞建築家パウロ・メンデス・ダ・ホッシャが設計したブラジル彫刻美術館だ。当初は芸術とランドスケープの美術館として構想され、庭園を備える予定だった同美術館は、外界に対して閉じている。実際、周囲の貧弱な庭園よりも、コンクリートの跡や筋に自然の存在をよりいっそう感じることができる。

4. 安藤, 忠雄. 『壁による領域の画定』。ロンドン: Phaidon Press, 1994, p.445.

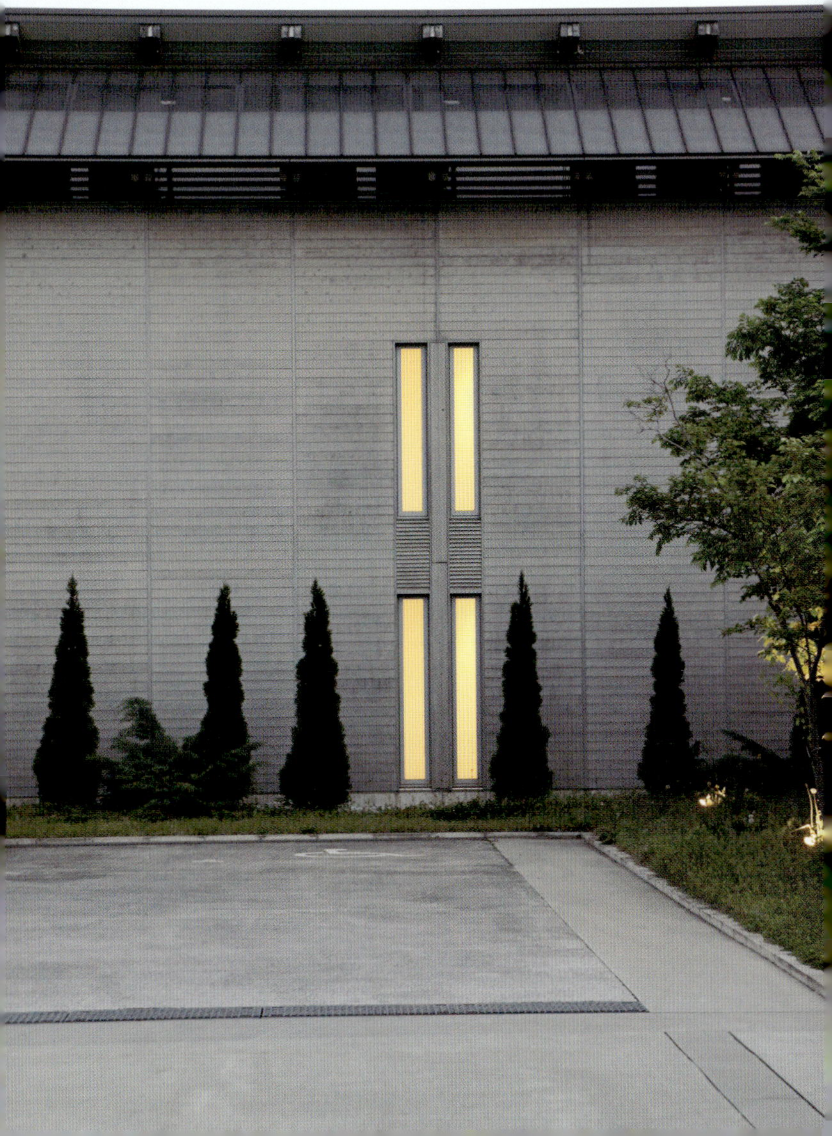

Colagem com washi · 和紙のコラージュ · 35 x 25 cm

Colagem com washi · 和紙のコラージュ · 35 x 25 cm

Interior em templo budista de Koyasan · 高野山の仏教寺院の室内

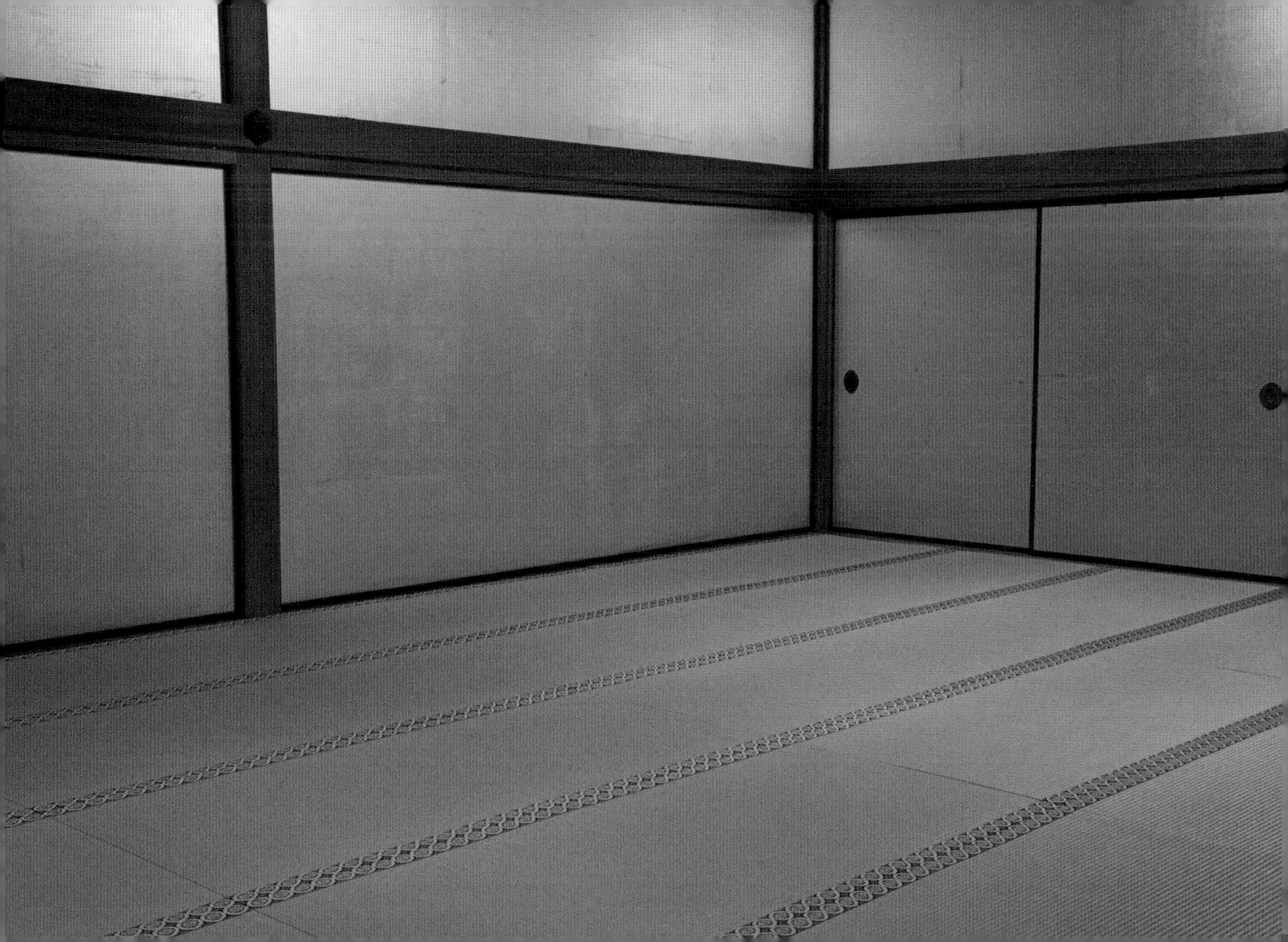

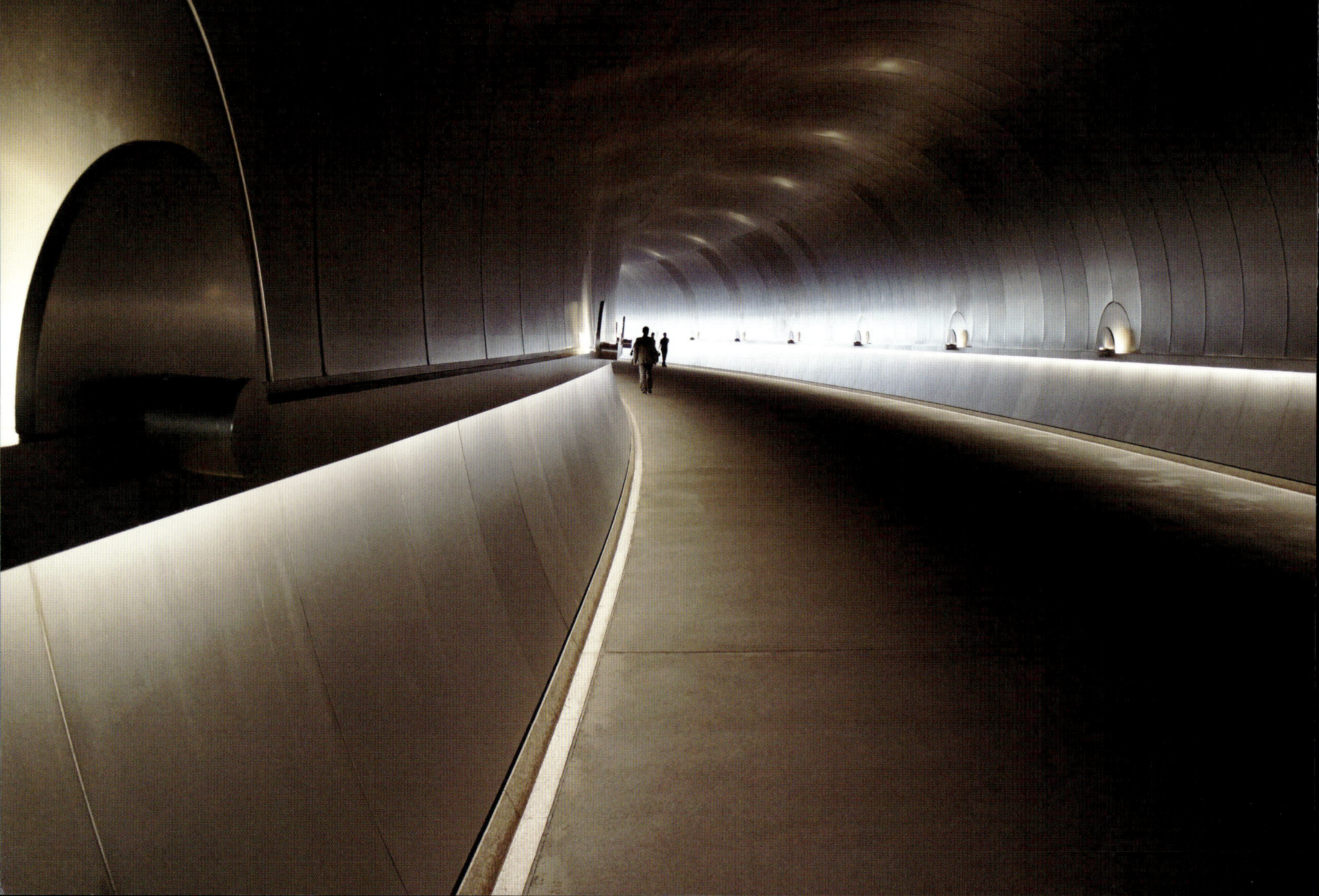

MUSEU NO PARAÍSO

NO TOPO DE UMA MONTANHA, EM MEIO À NATUREZA, O MIHO ABRIGA 2.000 OBRAS

12 DE JUNHO DE 2011 A informação sobre a origem do termo "paraíso" pode ser encontrada em uma das salas sobre a arte asiática do Museu Miho, inaugurado em 1996. Na Pérsia antiga, o domínio reservado à caça era conhecido como "Pairi-daêza", traduzido pelo escritor grego Xenofonte como "paradeisos", de onde se origina o termo "paraíso". O museu é impressionante não só pela sua localização no topo de uma montanha, ou pela arquitetura refinada, mas também pelo fato de boa parte da sua excepcional coleção ter sido adquirida no mercado internacional na década de 1990, em pleno século XX! Cabe indagar como ainda é possível capturar obras desse porte, algo que parece não ter preço.

A coleção, de fato orçada entre 300 milhões e um bilhão de dólares, é iniciativa da senhora Mihoko Koyama (daí o nome Miho), uma das mulheres mais ricas do Japão e herdeira do grupo Toyobo, especializado em fibras sintéticas de alta tecnologia. O museu foi criado pelo renomado arquiteto chinês Ieoh Ming Pei, reconhecido internacionalmente por obras como a pirâmide do Louvre. O projeto foi concebido para ficar no interior de uma montanha, à altura das nuvens. Paraíso, ou *Shangri-la*, como afirma o arquiteto, remete ao conto tradicional chinês em que um camponês encontra um mundo encantado e imortal.

A natureza aqui é toda moldada para criar esse ambiente purificado. O sítio cultiva produtos naturais especialmente selecionados. Já o acesso se dá mediante um túnel espetacular que lembra uma nave espacial, seguido por uma ponte estaiada: paulatinamente, o museu se faz visível como num passe de mágica, numa aparição.

Situado nas montanhas de Shigaraki, Miho está a sudoeste de Kioto. O trajeto pode ser feito em 15 minutos, com trem partindo da estação central, seguido por um percurso de ônibus de cerca de uma hora. A iniciativa de internacionalizar o museu partiu de Pei, visto que a ideia original era fazer um espaço dedicado à arte japonesa. A Rota da Seda, que uniu o Oriente ao Ocidente pela primeira vez, iniciou-se entre a Dinastia Han (206 a.C.-220 d.C.) e o Império Romano, é o fio condutor dessa coleção de aproximadamente 2.000 obras, que contém, como exemplo, um afresco pompeiano, um mosaico romano, uma estátua da rainha Arsinoe II, do período ptolomaico, um buda monumental do século II d.C., vindo do Paquistão, além da rara coleção particular de utensílios destinados à cerimônia do chá, iniciada há 40 anos pela presidente do grupo Shumei.

A cerimônia do chá é um elemento fundamental da tradição japonesa. O chá foi introduzido no século IX pelo monge budista Eichu, quando retornava da China. Uma série de ferramentas é necessária para realizar o ritual. É impressionante o apreço da cultura japonesa pelos mínimos detalhes, em que cada ranhura revela uma dimensão da memória, do tempo perdido, como na *madeleine*, em Proust. Isso se faz evidente em vários momentos na vida de Kioto: seja no festival da primavera, em que as *Maikos*, aprendizes de *Geisha*, oferecem ao público o chá antes de iniciar o espetáculo de dança e canto, seja nos recintos específicos destinados a essa bebida em templos.

O Museu Raku, em Kioto, mostra como uma mesma família faz uma cerâmica específica para a taça de chá há mais de 450 anos. Na literatura, temos o belo exemplo de *Nuvens de pássaros brancos* (traduzido no Brasil pela editora Nova Fronteira), livro de Yasunari Kawabata, ganhador do Prêmio Nobel de 1968. Nessa obra, boa parte da trama gira em torno da cerimônia do chá e da importância simbólica que cada utensílio passa a adquirir na ação, como quando, por exemplo, uma taça de *Shino*, que guarda consigo as marcas do batom dos lábios da senhora Ota, é partido e indica um desenlace trágico do enredo.

O museu também faz exposições temporárias em torno das estações do ano: durante a primavera, mostrou a obra de um pintor muito interessante, chamado Nagasawa Rosetsu (1754-1799), um dos artistas responsáveis pelo "renascimento" da pintura paisagística em Kioto. Possuidora de refinada ironia, sua obra oscila entre imagens meio abstratas, meio figurativas, feitas com pinceladas rápidas, e outras, com imenso apreço ao detalhe. Aos olhos de um pintor ocidental, as imagens mais gestuais são fascinantes, enquanto as outras beiram a ilustração. Para o verão, o museu planeja realizar uma exposição sobre a arte pré-colombiana.

A construção desse museu está intimamente ligada às atividades espirituais desenvolvidas por Mihoko Koyama. A escolha do arquiteto ocorreu pelo fato de Pei ter anteriormente feito o campanário em Misono, próximo ao museu, suntuosa sede do *Shinji Shumekai International Center*, movimento espiritual presidido por ela. *Shinji* significa "amor divino", *Shumei*, "luz divina", e *kai*, "organização". Cerca de 300 mil pessoas ao redor do mundo fazem parte desse movimento, que prega a paz espiritual através do contato harmônico com a natureza e com a beleza suscitada pelas obras de arte. Seu mentor espiritual foi Mokiti Okada, que Mihoko conheceu em 1941. Este nome não é estranho ao público brasileiro, visto que em 1971 surgiu em São Paulo a Fundação Mokiti Okada, que desenvolve uma série de atividades ligadas ao bem-estar, à saúde e ao meio ambiente. A religião, de caráter messiânico, pode causar arrepios em muitos ao propor a cura e a purificação pelas mãos, mas, desde que sua causa resulte em "paraísos terrestres" como esse, nada a reclamar!

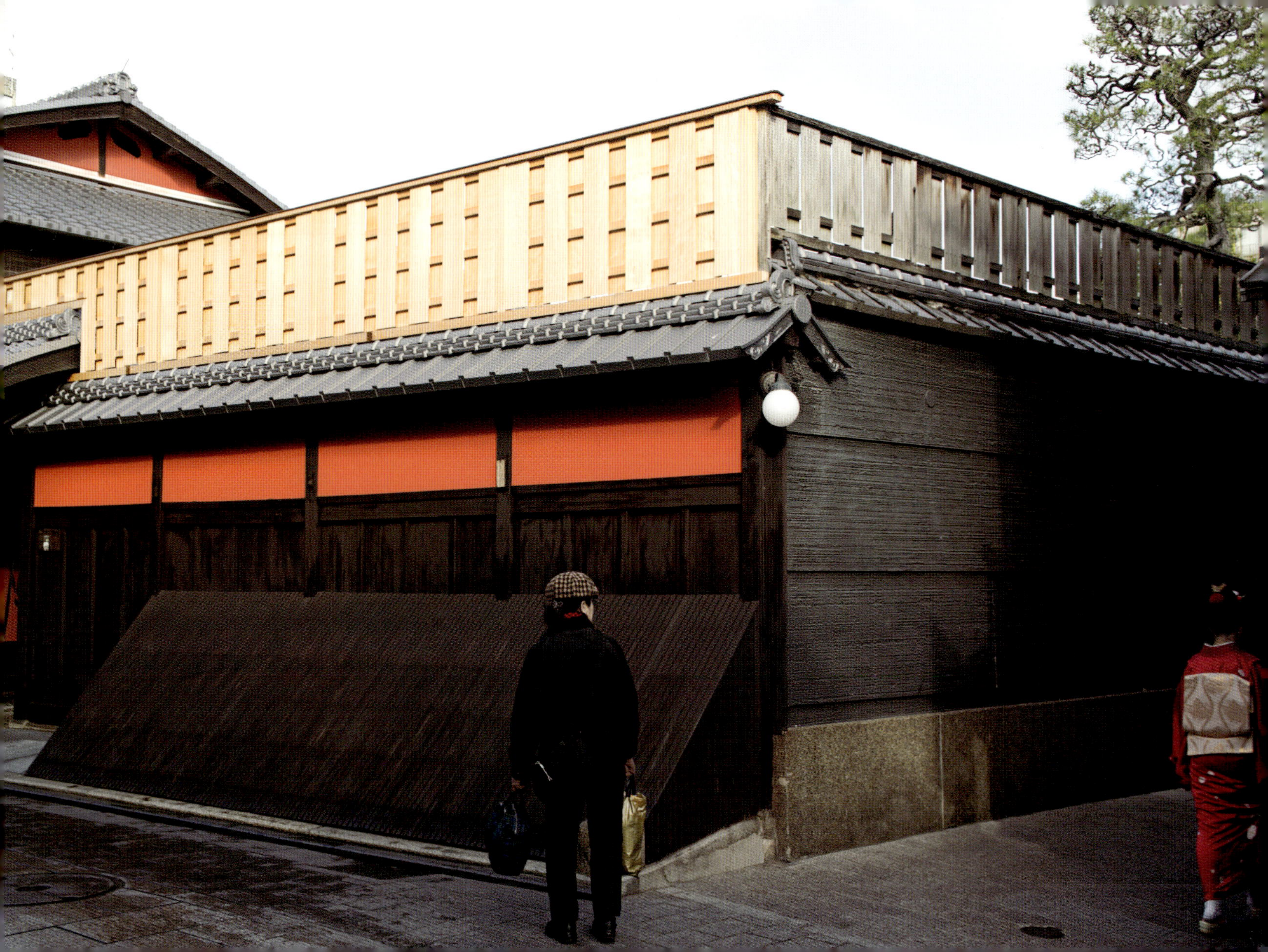

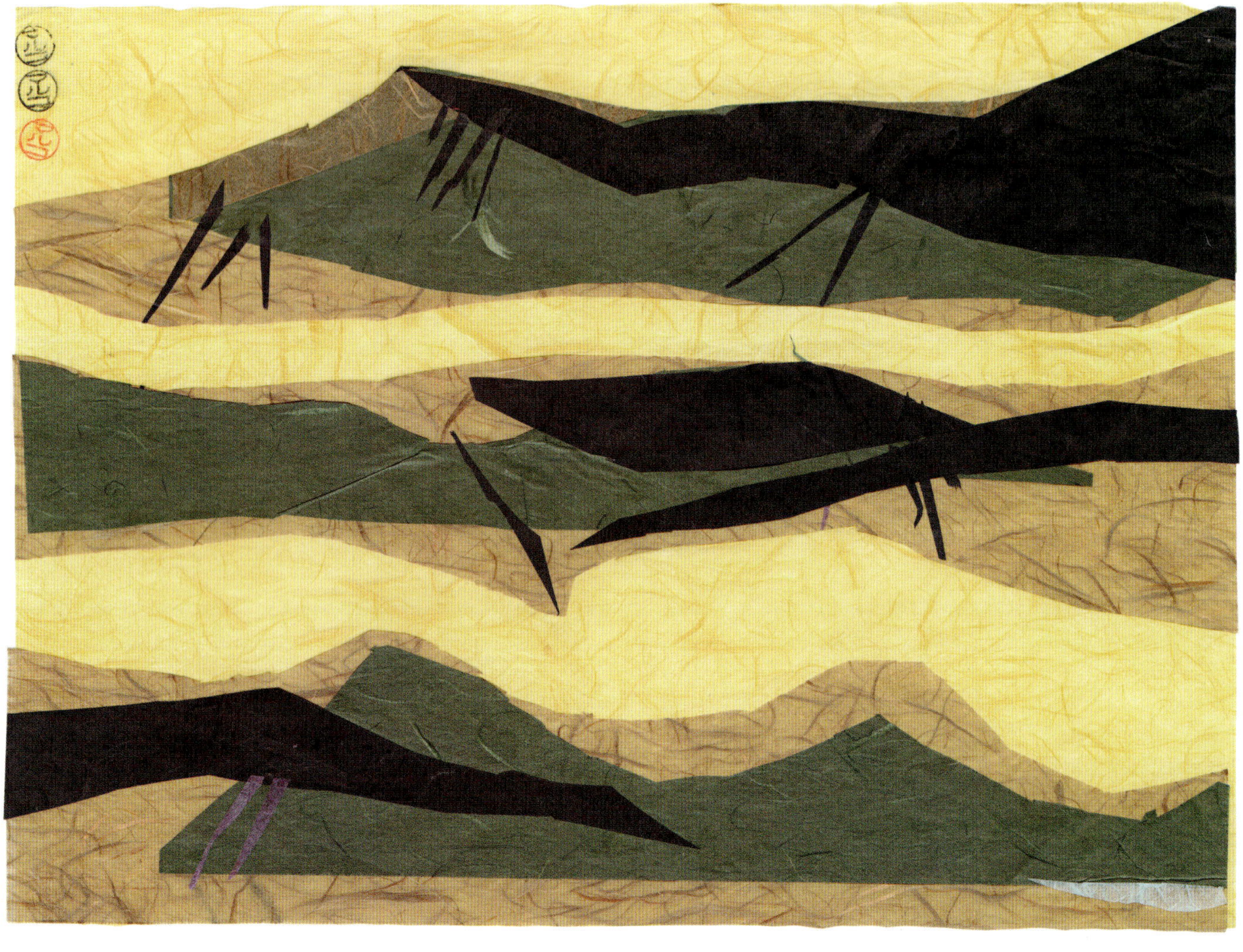

天上の美術館

山頂の自然に囲まれたMIHO MUSEUMの収蔵作品数は2,000点

2011年6月12日「パラダイス」という言葉の起源について、1996年に開館したMIHO MUSEUM(ミホミュージアム)のアジア美術展示室に解説が書かれている。古代ペルシャでは、狩りのための保護区を「パイリダエーザ(Pairi-daêza)」と呼び、それをギリシャの作家クセノポンが「パラデイソス(paradeisos)」と訳し、ここからパラダイスという語が生まれた。この美術館が印象的なのは、山の頂上という立地や洗練された建築だけでなく、そのひときわ優れた収蔵品の大半が20世紀のまっただ中の1990年代に国際市場で購入されたことだ。値段のつけようのないような、これほど貴重な作品が未だに入手できるのかと不思議に思えてくる。

収蔵品は実際、3億から10億ドルと見積もられており、ハイテク化学繊維を専門とする東洋紡グループの継承者で日本有数の資産家である小山美秀子さん(こやま・みほこ)(MIHOという名称は彼女の名に由来する)の取り組みだ。この美術館は、ルーブルのピラミッドなどで国際的に知られる著名な中国系建築家イオ・ミン・ペイによって生み出された。この設計は雲に届く山の中に造るという構想だった。パラダイス、あるいはペイの言うシャングリラは、ある農夫が不老不死の桃源郷を見つけるという中国の民話に連なる。

ここでは自然を完全に型にはめてこの清浄な環境を創出している。敷地では選り抜きの自然食品を栽培している。一方でアプローチは、宇宙船を彷彿とさせる壮大なトンネルを通り、次いで吊り橋を渡って行く。すると徐々に、美術館が魔法の一振りのごとく、幻のように出現する。

MIHOは信楽の山中、京都の南東にある。京都駅から電車で15分、さらにバスで約1時間かけて行くことができる。この美術館の国際化はペイの発案で、当初の考えは日本美術向けの場を作ることだった。漢王朝(紀元前206～西暦220年)とローマ帝国の間で始まり、東洋と西洋を初めて結び付けたシルクロードが、この約2,000点の収蔵品の導きの糸である。収蔵品には、ポンペイのフレスコ画やローマのモザイク、プトレマイオス朝エジプトの女王アルシノエ2世像、パキスタンからもたらされた紀元2世紀の巨大な仏像、さらには神慈秀明会の会主・小山美秀子が40年前に収集を始めた貴重な茶道具の個人コレクションなどが含まれる。

茶道は日本の伝統の基本をなす要素である。茶は9世紀に僧・永忠(えいちゅう)が中国から帰国した際にもたらされた。茶道には様々な道具が必要とされる。日本文化が細部を尊ぶ様子は感動的である。一本々々の筋が記憶の、失われた時のある断面を、プルーストの「マドレーヌ」のように露わにする。それは京都での生活の折々に明らかになる――芸者の見習いである舞妓が唄と踊りを披露する前に一般にお茶を振る舞う春の祭りにおいて、あるいは寺院の茶室において。

京都の樂美術館は、ひとつの家が450年以上にわたり陶器の茶碗を制作する様子を展示している。文学では、1968年のノーベル賞受賞作家・川端康成の『千羽鶴』(ブラジルではノーヴァ・フロンテイラ社が翻訳版を刊行)が好例だ。この作品は、筋立てのかなりの部分が茶会と物語の進行に伴い茶道具が帯びる象徴的意義を中心に展開しており、例えば太田夫人の口紅の跡が残る志野焼の茶碗が割れて、悲劇的な結末を告げる。

MIHO MUSEUMは四季ごとの特別展も開催している。春には、京都の風景画の「ルネッサンス」を担った芸術家の一人である長沢芦雪(ながさわろせつ)(1754～1799年)という興味深い画家の作品を展示した。洗練されたアイロニーの持主で、その作品は速い筆致による半ば抽象的、半ば具象的な描写と、細部を非常に大切にした描写の間を揺らいでいる。西洋人画家の目には、表情豊かな描写は魅惑的だが、挿し絵に留まっているものもある。夏に向けて、同美術館はコロンブス以前のアメリカ古代文明の美術に関する展示を企画している。

Colagem com washi - 和紙のコラージュ - 25 x 35 cm

この美術館の建設は小山美秀子の宗教活動と密接につながっている。建築家にペイが選ばれたのは、同美術館近くにある神慈秀明会の贅を尽くした本部である神苑(みその)の鐘楼を彼が以前手がけたからだ。これは小山が会主を務める宗教運動で、神慈とは神の愛、秀明は聖なる光を意味する。世界中で約30万人が参加するこの運動は、芸術作品が生み出す美や自然との調和的触れ合いを通じた心の平安を説く。同会の教祖は、美秀子が1941年に知り合った岡田茂吉(おかだ もきち)である。彼の名はブラジル人にとって初耳ではない。1971年にはサンパウロに岡田茂吉財団(MOA)を設立し、福祉や保健、環境関連の様々な活動を展開している。この宗教はメシア思想に基づいており、手かざしによる癒しと浄化を唱える。多くの人々はこれに身震いするかもしれないが、活動の理想がこうした「地上の楽園」をもたらすのなら、文句は言うまい！

Colagem com washi・和紙のコラージュ・35 x 25 cm

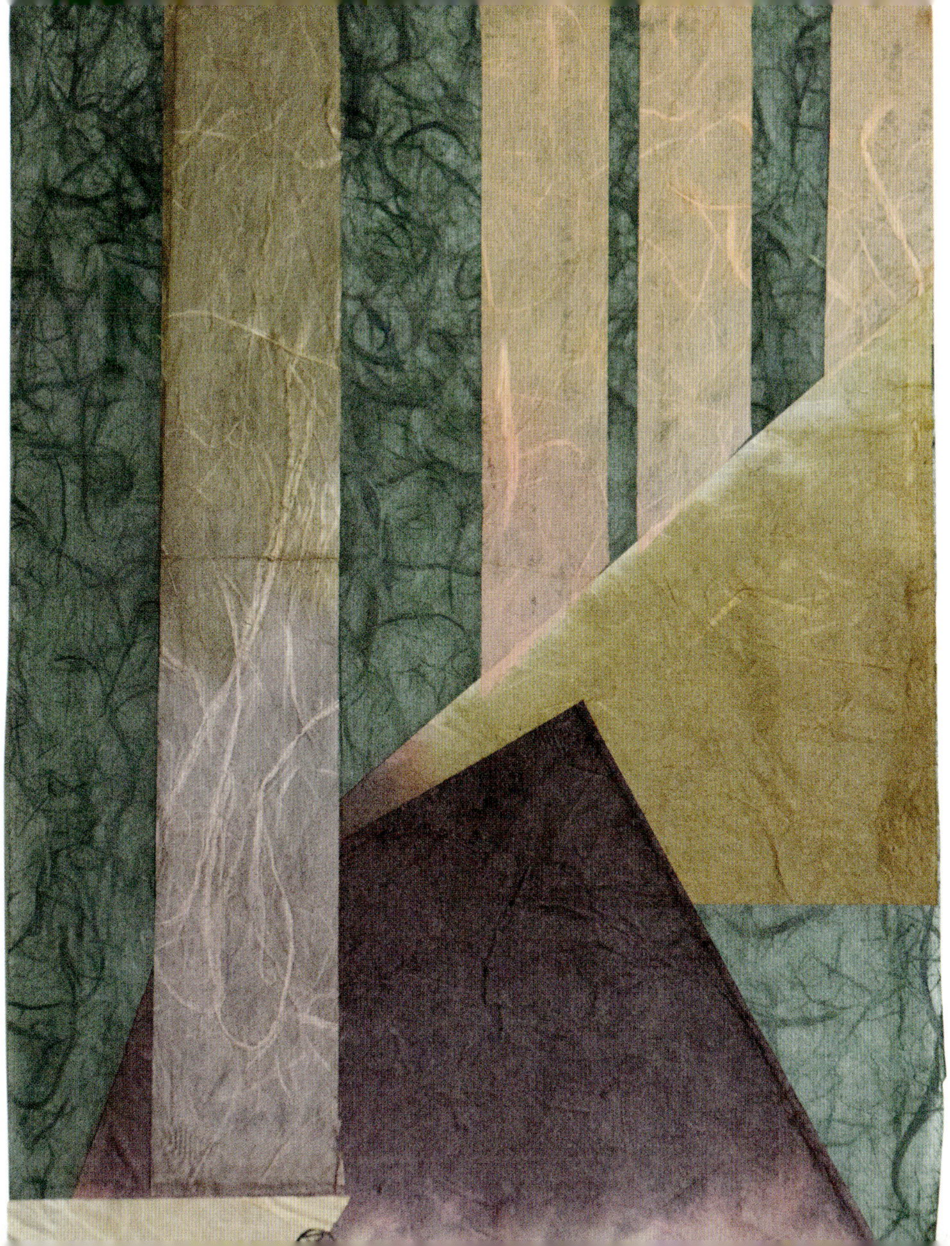

藤の花は日本風にそして女性的に優雅、垂れて咲いて、そよ風にもゆらぐ風情は、なよやか、つつましやか、やはらかで、初夏のみどりのなかに見えかくれで、もののあはれに通ふやうですが、その花房が三尺六寸となると、異様な華麗でありませぅ。唐の文化の吸収がよく日本風に消化されて、およそ千年前に、華麗な平安文化を生み、日本の美を確立しましたのは「あやしき藤の花」が咲いたのに似た、異様な奇蹟とも思われます。

(川端康成『美しい日本の私』、1968年)

A GLICÍNIA É UMA FLOR DO JAPÃO QUE TEM UMA
ELEGÂNCIA JAPONESA. ELA SE ESPARRAMA, E,
COM A BRISA, SUGERE MACIEZ, GENTILEZA, RETICÊNCIA.
DESAPARECE E REAPARECE NO COMEÇO VERDEJANTE
DO VERÃO; ELAS DETÊM O SENTIMENTO DA BELEZA
PUNGENTE DAS COISAS QUE OS JAPONESES DEFINEM
MONO NO AWARE. SEM DÚVIDA HÁ UM ESPLENDOR
PARTICULAR NA SUA VERTICALIDADE QUE CHEGA
A TRÊS PÉS E MEIO. O ESPLENDOR DA CULTURA
HEIAN UM MILÊNIO ATRÁS E A EMERGÊNCIA DE UMA
BELEZA PECULIAR JAPONESA SE DEU DA MESMA
MANEIRA MARAVILHOSA COMO A GLICÍNIA, VISTO QUE
FINALMENTE A CULTURA TANG CHINESA FOI ABSORVIDA
E TORNADA JAPONESA.

Kawabata
"Japão, o belo e eu", 1968

Japonesas contemplando glicínias em maio, Byodo-in · 藤を愛でる日本の女性.5月の平等院にて

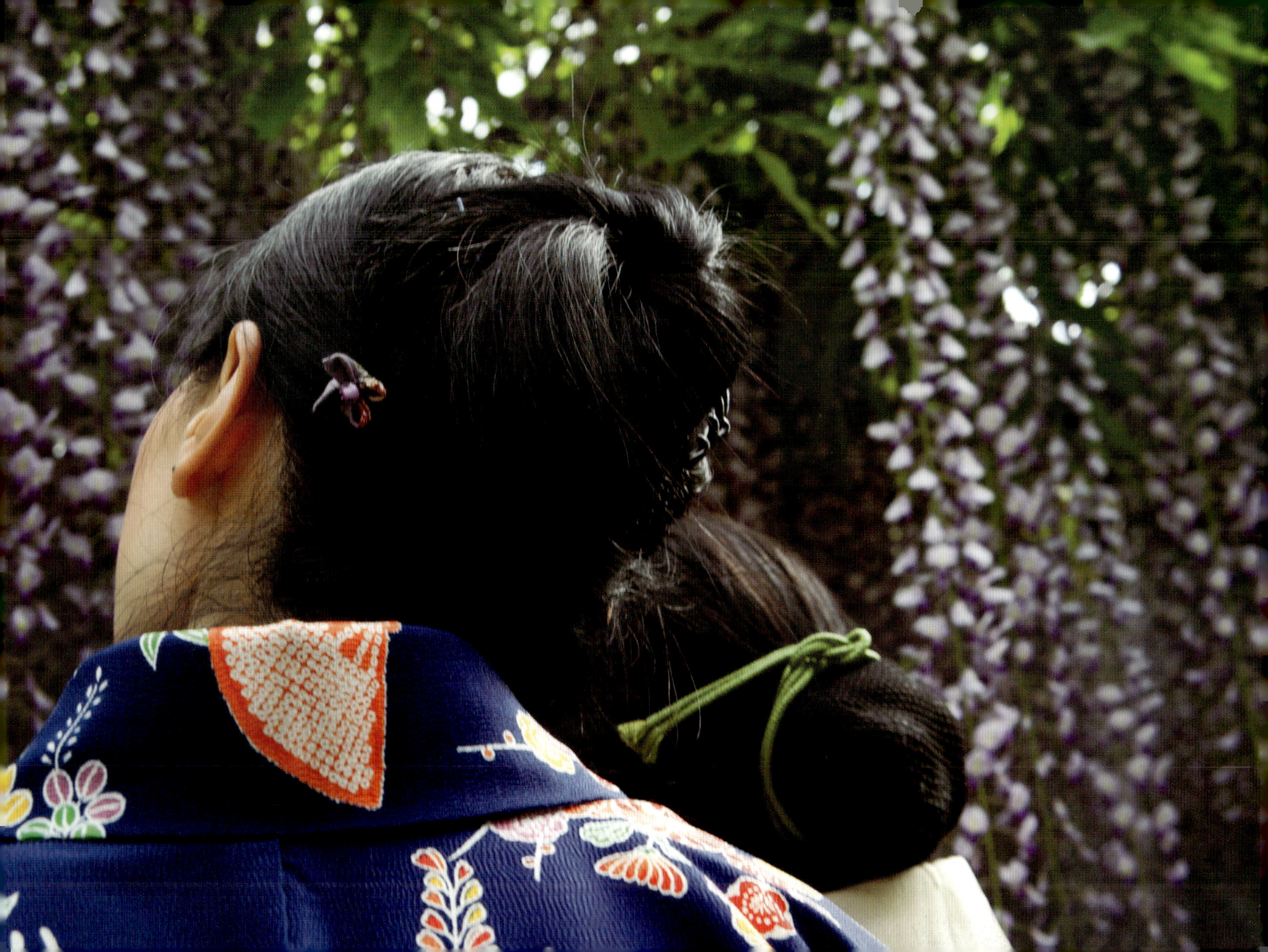

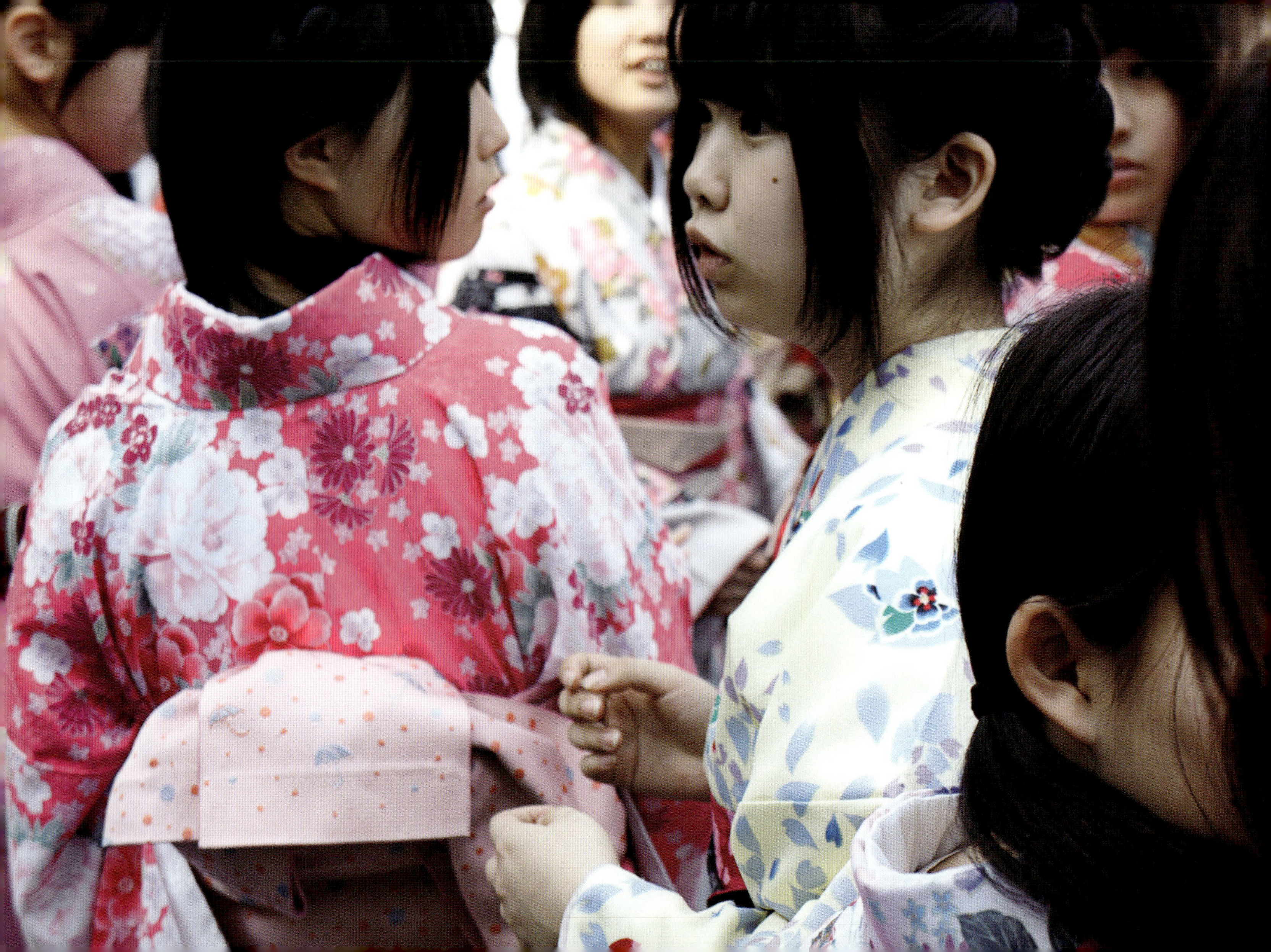

Meninas de kimono em Kinkakuji - 金閣寺の着物の少女

Geiko, geisha de Kioto · 京都の芸子

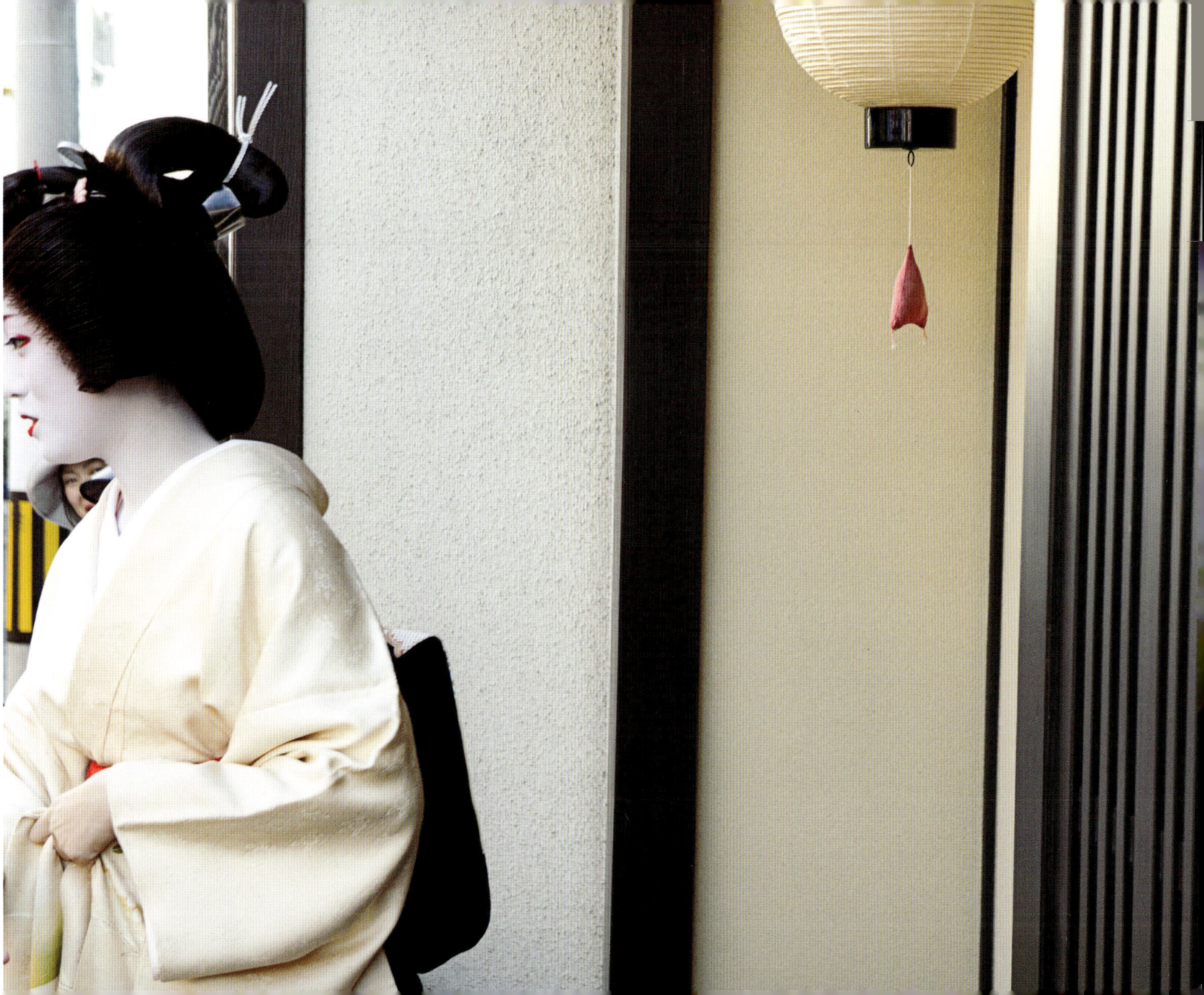

Colagem com washi · 和紙のコラージュ · 35 x 25 cm

Toko-no-ma (nicho com kakemono) de Daitokuji · 大徳寺の床の間

Jardim de Byodo-in · 平等院の庭園

Byodo-in・平等院

Riacho em Gion à noite・夜の祇園のリル

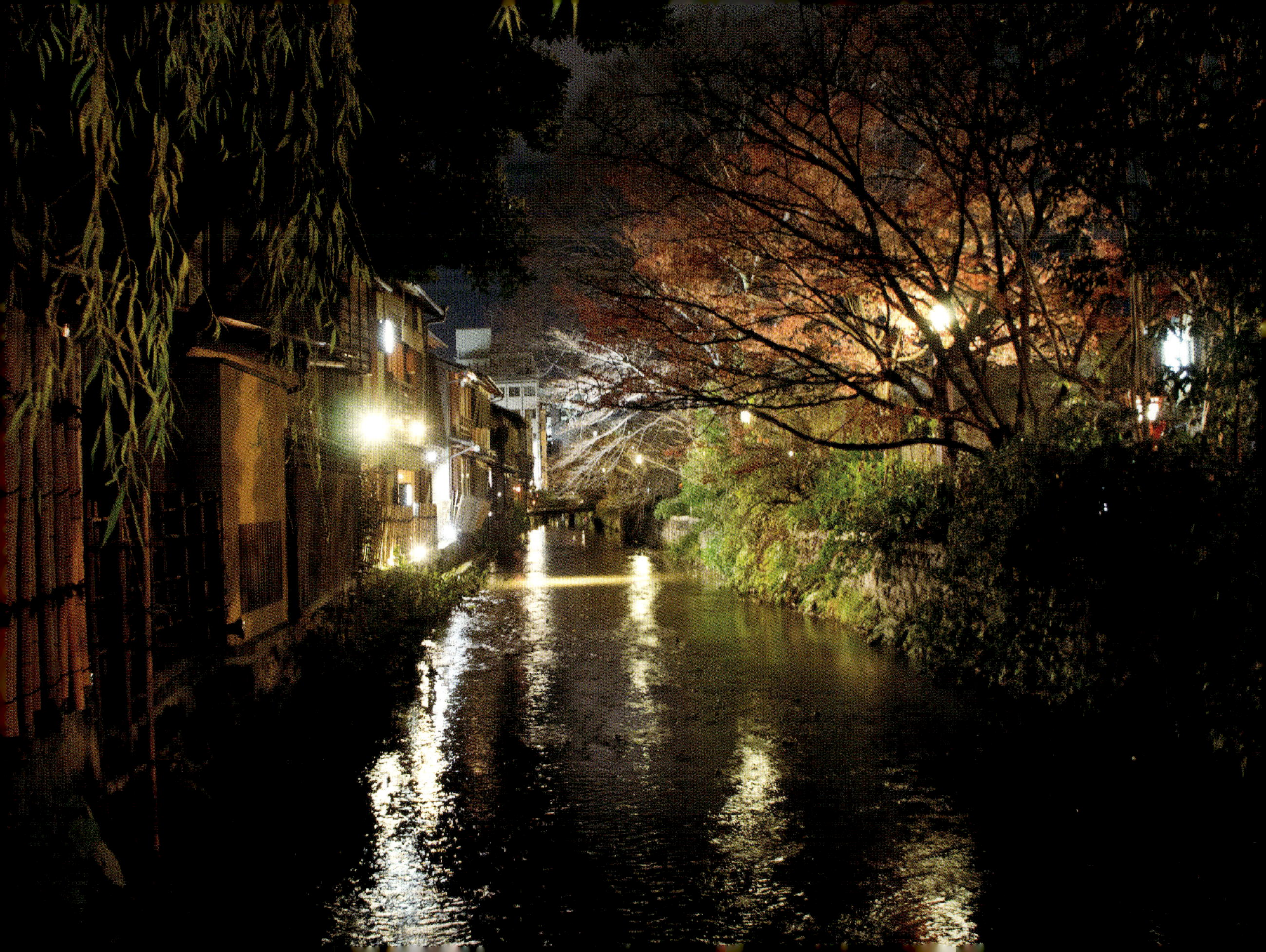

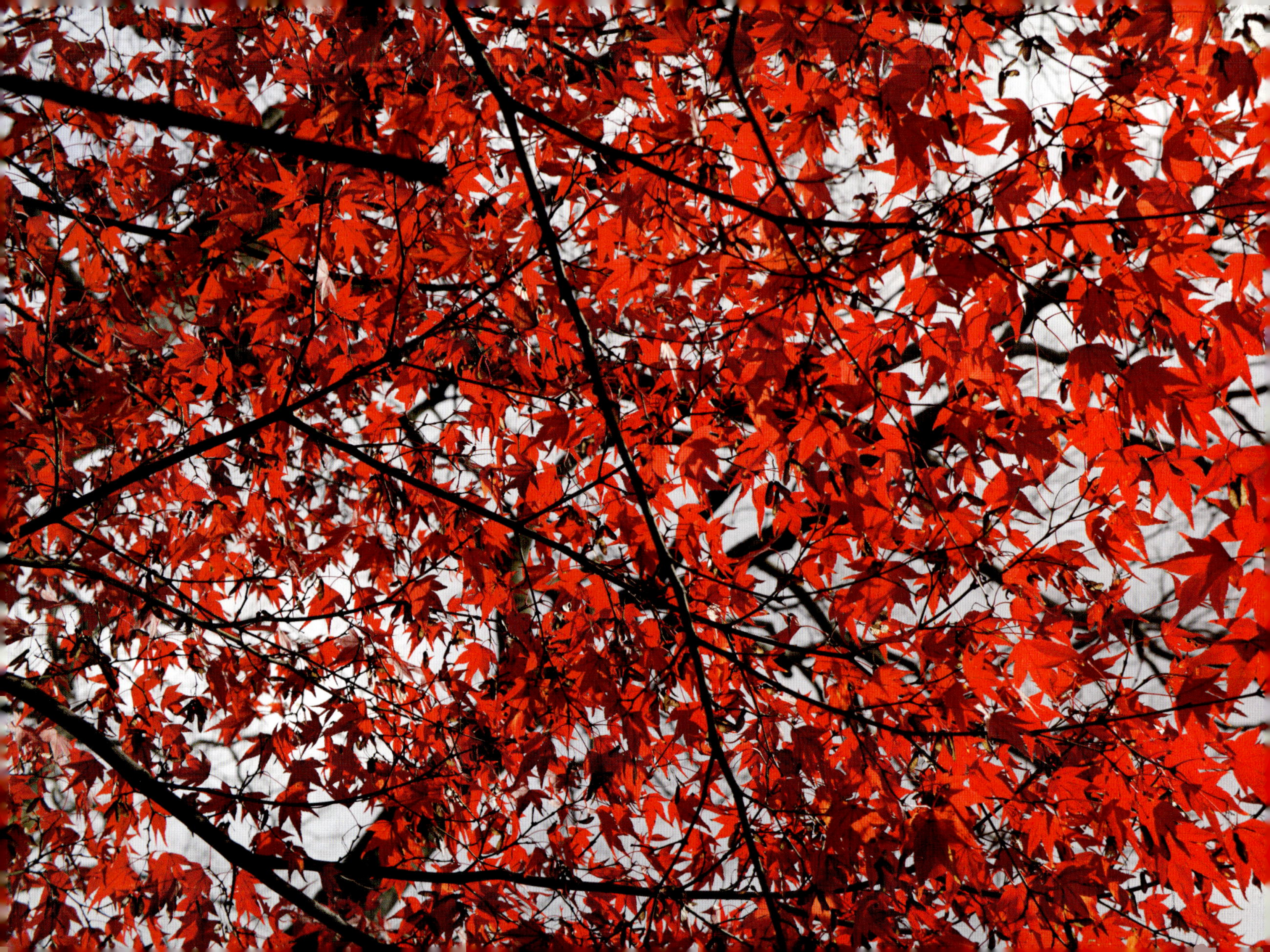

TESOUROS OCULTOS

BELEZA DA TÉCNICA UKIYO-E, QUE DATA DO SÉCULO XVII, É ENCONTRADA EM LOJAS DE KIOTO

24 DE JULHO DE 2011 *Ukiyo-e* são estampas coloridas, feitas a partir da impressão de blocos de madeira com tinta à base de água. Trata-se de uma técnica e de um estilo desenvolvidos durante o período Edo (1603-1868), lugar escolhido pelos samurais da casa Tokugawa para ali fixar seu xogunato. Tóquio, naquela época, era apenas a capital administrativa, atraindo comerciantes devido à presença periódica da aristocracia guerreira. Com a urbanização do final do século XVI, surge assim uma classe de comerciantes e artesãos ao redor de Edo (atual Tóquio) que começou a escrever e gravar histórias compiladas em livros chamados *ehon* ("livro-pintura").

O *ukiyo-e* inicialmente surgiu dessas ilustrações, mas logo as imagens se tornaram independentes, como cartazes do teatro *kabuki* ou como calendários, por exemplo. Muitas delas foram baseadas na vida urbana e seu caráter é essencialmente popular, pois nunca foram valorizadas como autênticas obras de arte pela elite, que apreciava sobretudo o que se produzia em Kioto, residência do Imperador até a Restauração Meiji. Pelo fato de poderem ser reproduzidas, essas obras poderiam ser adquiridas pela classe menos abastada.

O significado da palavra *ukiyo-e* ("pinturas do mundo flutuante" ou "da vida que passa", em japonês) retrata um momento em que se celebra a vida em um período de paz após uma série de guerras que assolaram o país entre os séculos XII e XV. Essa celebração da vida em seu aspecto fugaz curiosamente tem seu contraponto na Europa com a arte holandesa, que muitas vezes retrata a *vanitas*, as naturezas-mortas, e que também registram o tempo volátil que tudo transforma.

Nesse período, o comércio com o exterior se concentrava nas mãos dos holandeses, após a expulsão de portugueses e espanhóis, suspeitos de tentativa de dominação política através da religião cristã. Como afirma Madalena Hashimoto, grande especialista no assunto: "O artista Hokusai estuda métodos ocidentais com os holandeses, únicos ocidentais cuja presença é permitida, confinados na ilha artificial de Deshima, em Nagasaki, após o século XVI (...). A xilogravura assimila o Ocidente por meio da Holanda, não só na perspectiva com ponto de fuga e no claro-escuro, mas também no interesse minucioso, enciclopédico, com que se descrevem atividades humanas, flores, pássaros, plantas, insetos, tecidos, penteados, fantasmas, monstros."[1]

A origem dessa técnica é atribuída às obras monocromáticas de Hishikawa Moronobu, da década de 1670, e teria sido posteriormente aprimorada por Suzuki Harunobu, que criou a impressão policrômica (Nishiki-e, em torno de 1765). Ao longo de 200 anos, destacam-se três fases: no início, utiliza-se apenas

1. HASHIMOTO, Madalena Cordaro. *Pintura e escritura do mundo flutuante: Hishikawa Moronobu e ukiyo-e, Ihara Saikaku e ukiyo-zôshi*. São Paulo: Hedra, 2002, p. 446.

tinta preta; em seguida, acrescenta-se uma ou duas matrizes de cores, até surgir a policromia. A temática envolve temas como cortesãs e os atores de *kabuki*, e, em seguida, surgem as vistas famosas. Muitas imagens tinham uma finalidade educativa e uniam o belo ao útil. O desenho é talhado e pintado em blocos de madeira e, depois, passado para o papel de arroz. Em sua última fase, essa técnica alcançou o seu maior nível de aprimoramento, ganhando riqueza nos traços e equilíbrio na combinação das cores.

Durante a era Kaei (1848-1854), muitos navios mercantes estrangeiros desembarcaram no Japão. Segundo Claudio Mubarac, as estampas chegaram à Europa como peças comerciais, tanto quanto as cerâmicas, os tecidos etc., na voga dos orientalismos e do japonismo mais especificamente. Depois da Restauração Meiji, em 1868, o Japão absorveu do Ocidente novas técnicas, como a fotografia e a impressão mecânica.

Aluísio Azevedo, em seu livro inacabado sobre o Japão (1897), lamenta a ocidentalização advinda da abertura dos portos e a consequente perda da cultura tradicional. Paradoxalmente, quando o *ukiyo-e* saiu de moda, durante o *bunmei-kaika*, transformou-se numa fonte permanente de inspiração para artistas europeus como Manet, Toulouse-Lautrec, Van Gogh, Matisse. A sutileza do traçado, a riqueza e autonomia cromática dessas gravuras de fato ampliaram os horizontes dos impressionistas, abrindo as portas para uma arte na qual o jogo permanente entre o desenho e a cor pautados na superfície do papel demarca a passagem para a arte moderna.

Embora os artistas da última fase, como Hokusai ou Hiroshige, sejam os mais populares, ensinados na escola primária como grandes artistas, as lojas que ainda vendem essas obras são frequentadas apenas por estrangeiros.

Nishiharu é a loja mais antiga de Kioto, com 90 anos de existência. Ao contrário de outras lojas importantes, como a *Ezoshi*, com 30 anos, e a *Yoshikiri*, de 23 anos, este lugar preserva um universo intimista, sem vitrines em seu interior, recoberto por tatame e rodeado por caixas de madeira para guardar as gravuras.

Todos os dias, das 14h às 18h30, o senhor Hitoshi Sekigawa alterna com seu filho Syo a condução desse negócio familiar. Harukichi Nishimura, o patriarca, faleceu há 20 anos, e o nome da loja *Nishiharu* é a combinação dos primeiros caracteres do seu sobrenome e nome: *Nishi* (oeste) e *Haru* (primavera). Os negócios não andam muito bem desde o último terremoto e do *tsunami*, no início de março, pois muitos turistas adiaram a viagem. Contudo, ele afirma que nada se compara à década de 1980, quando tudo no Japão era, de fato, muito caro. Embora seja possível comprar um simples *ukiyo-e* original por R$ 200,00, de maneira geral, os japoneses consideram de antemão que o preço é exorbitante, e, logo, acham que esse tipo de obra deve estar guardado em um museu.

Durante todo o verão ocorre uma grande exposição de *ukiyo-e* em Kioto, com uma coleção exclusiva vinda de Hamburgo, e é possível comprar reproduções atuais totalmente artificiais a um preço bem mais caro do que esses originais mais simples, ainda disponíveis nas antigas lojas. Por outro lado, os colecionadores japoneses, que raramente aparecem, buscam obras cada vez mais difíceis de serem encontradas. Por serem muito sensíveis à luz e à umidade, essas obras são cada vez mais raras. No século XX, alguns expoentes, como Hasui Kawase e Shinsui Ito, tentaram manter viva essa técnica. Contudo, com a profusão dos mangás, muitos populares, que adaptam e às vezes diluem essa enorme tradição à linguagem dos quadrinhos ocidentais, seu espírito parece se recolher para o interior de pequenas lojas, como é o caso da Nishiharu, agora rodeada por uma imensa galeria comercial chamada Teramachi Kyogoku, onde o corre-corre do dia a dia impede que os transeuntes prestem atenção nesse pequeno tesouro.

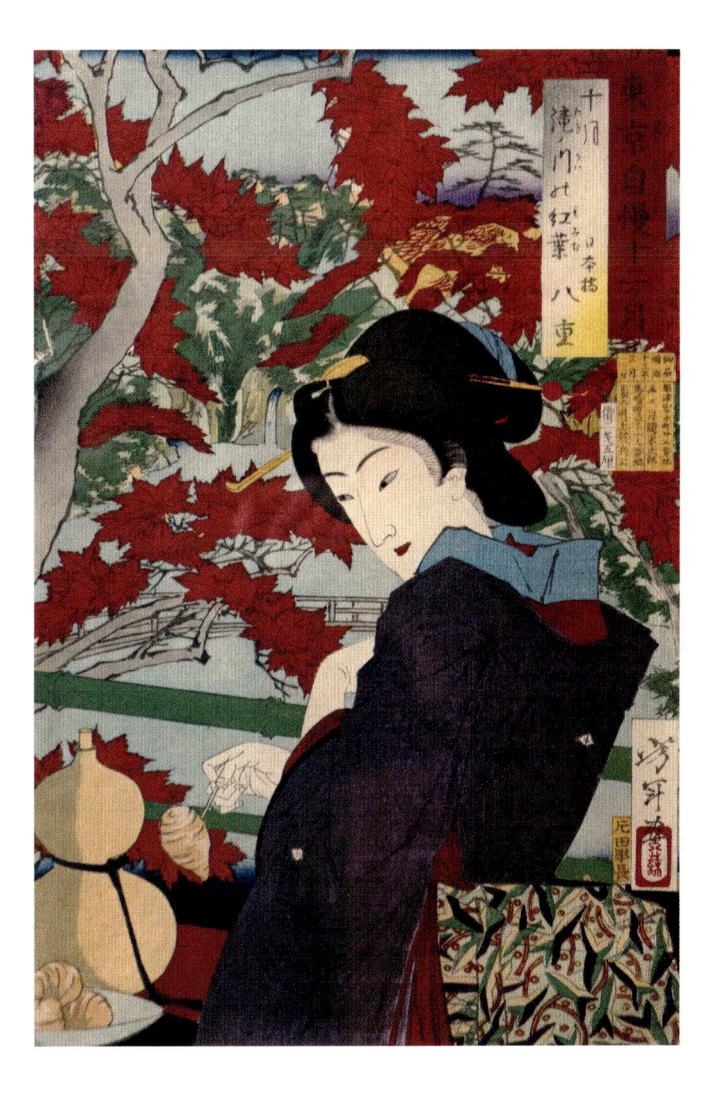

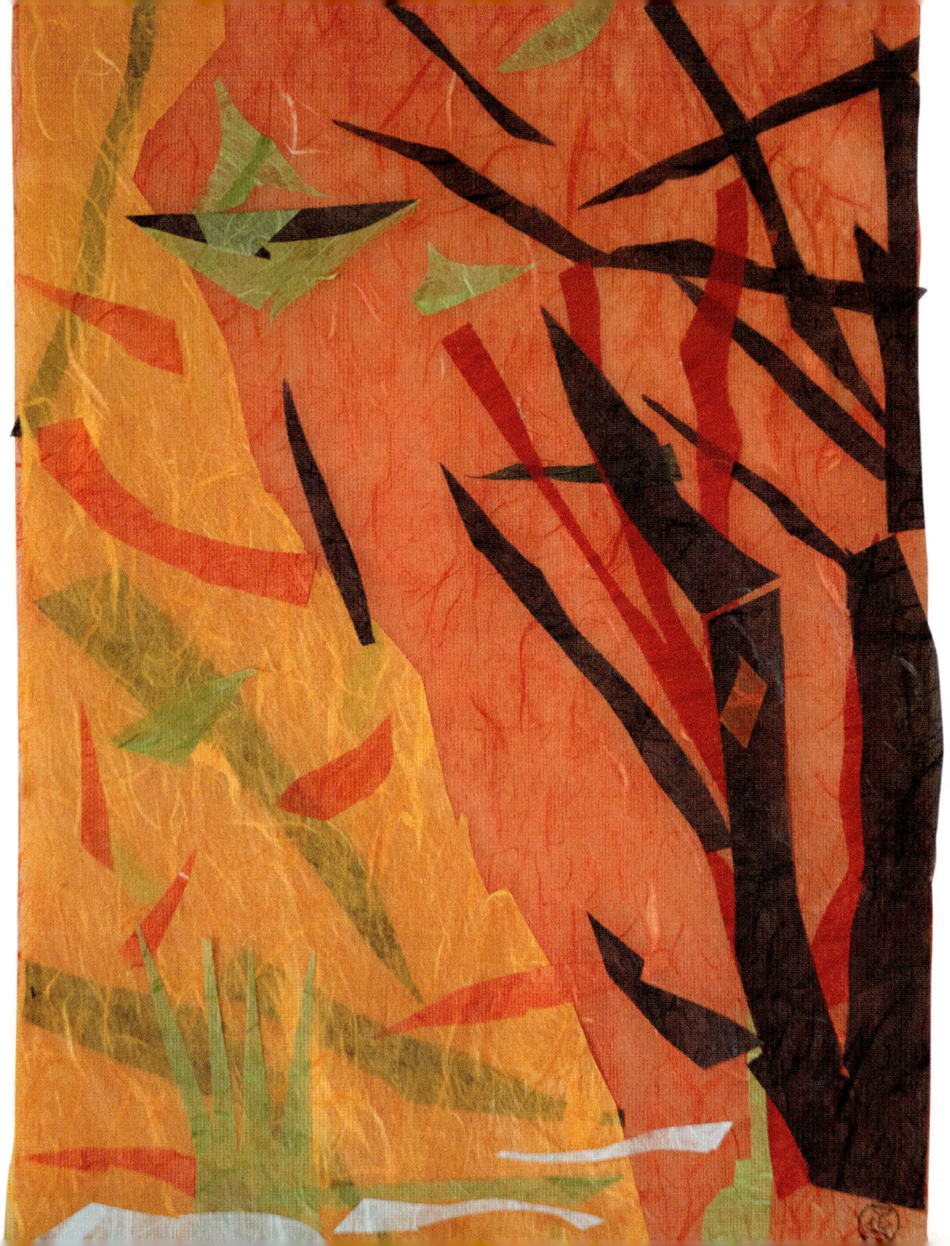

隠れた財宝

17世紀の美しい浮世絵を京都の店で発見

2011年7月24日 浮世絵とは版木に水性絵の具を用いて刷った彩色版画である。江戸時代（1603〜1868年）に発達した技法と様式だ。江戸とは徳川家が幕府を定めた場所である。当時の東京は、上級武士の参勤交代に商人が引き寄せられた行政的首都に過ぎなかった。こうして16世紀末の都市化に伴い、江戸（現在の東京）周辺には商人と職人階級が登場し、物語を書き記して「絵本」という書物に編集するようになった。

浮世絵は最初これらの挿し絵として登場したが、絵はすぐに独立して歌舞伎のポスターや暦などになった。その多くは都市生活を題材とし、本質的に大衆的であり、上流階級から純粋な芸術作品として評価されたことは一度もなかった。上流階級は明治維新まで天皇の御所のあった京都で作られたものをとりわけ尊重していた。浮世絵作品は複製可能なので、裕福でない階級も購入することができた。

浮世絵という言葉の意味（日本語で「移り変わる世の中の絵」ないし「過ぎ去る人生の絵」の意）は、12世紀から15世紀にかけて国中を荒廃させた戦乱の世に次ぐ平和な時代の生の謳歌を反映している。この人生の儚さの謳歌は興味深いことにヨーロッパのオランダ美術と好対照をなす。オランダではしばしば「ヴァニタス」（人生の空しさを表す寓意的静物画）や静止した自然物の静物画が描かれ、すべてが変容する儚い時の流れが同じように記録されている。

キリスト教による政治支配を謀った疑いでポルトガル人とスペイン人が追放された後、この時期の外国貿易はオランダ人が独占していた。専門家マダレーナ・ハシモトによれば「北斎は西洋の技法をオランダ人から学ぶ。彼らは16世紀以降西洋人の中で唯一滞在を許され、長崎の出島という人工島に幽閉されていた(……)。この木版画はオランダ経由で西洋を同化吸収する。消失点のある遠近法と明暗法だけでなく、百科事典的な細部への関心をもって、人間の営みや花鳥、植物、昆虫、織物、髪型、幽霊、物の怪を描写する」[1]。

浮世絵の技法のルーツは菱川師宣の1670年代の墨一色の作品にあり、その後多色刷り（錦絵、1765ころ）を生んだ鈴木春信によって洗練されたとされる。200年の流れは3期に分かれる。最初は墨一色のみを用い、次に一色か二色の版を加え、やがて多色刷りが登場する。題材は花魁や歌舞伎役者などがあり、続いて名所絵が登場する。多くの絵は教育的な目的をもち、美しさと実用性を兼ね備えていた。絵柄を木版に彫って絵の具を載せ、和紙に刷る。最後の第3期には技法が最も洗練され、豊かな描線と均整の取れた配色を獲得した。

嘉永年間（1848〜1854年）には多くの外国商船が日本に寄港した。クラウジオ・ムバラクによると、浮世絵版画はオリエンタリズム、より厳密にはジャポニズムの流行に乗って、陶磁器や織物などと同様に商品としてヨーロッパに渡った。1868年の明治維新以降、日本は写真や機械印刷といった新技術を西洋から吸収した。

アルイジオ・アゼヴェードは日本に関する未完の書籍（1897年）で、開国による西洋化とそれに伴う伝統文化の喪失を嘆いている。逆説的だが、文明開化の時期に流行が廃れた浮世絵は、マネやロートレック、ヴァン・ゴッホ、マチスといったヨーロッパの芸術家にとって枯れることのないインスピレーションの源となった。浮世絵版画の繊細な輪郭線や豊かで伸び伸びとした色彩は実際に印象派の人々の地平を広げ、新しい美術への門戸を開いた。紙の表面に引かれる輪郭線と色との永遠の駆け引きは、現代美術へ移行する画期となった。

北斎や広重といった末期の浮世絵師が最も人気があり、小学校では大芸術家と教えられていても、こうした作品を売る店を訪れるのは外国人だけである。西春は京都で最も古い店で、創業90年になる。創業30年の絵草子（えぞうし）や同23年の芳桐（よしきり）といった他の有名店とは異なり、ここは親しみやすい

---

1. ハシモト、マダレーナ・コルダーロ。『浮世の絵画と書物：菱川師宣と浮世絵、井原西鶴と浮世草子』サンパウロ：Hedra, 2002, 446p.

簡素なたたずまいを残し、店内にショーケースはなく、畳敷きで版画をしまう木箱に囲まれている。
　毎日14時から18時30分まで、関川仁(せきがわ ひとし)さんは息子の翔(しょう)さんと交代で家業に勤しむ。創業者の西村春吉(にしむら はるきち)さんは20年前に亡くなっているが、西春という店名は彼の名前に由来する。3月初めの地震と津波以来、多くの観光客が旅行を延期したので、商売は芳しくない。しかし、あらゆる物の値段が高騰した1980年代とは比べるべくもないと関川さんは言う。シンプルな浮世絵の原画を1万円ほどで購入できるとはいえ、日本人は一般にこれをはなから法外な値段と決めつけ、この類いの作品は美術館に保存しておくべきだと考える。
　夏の期間中ずっと、京都ではハンブルクの特別コレクションを含む大規模な浮世絵展が開催され、まったくの模造である現代の複製品を、古い店で今も買えるシンプルな原画よりはるかに高い値段で売っている。一方、めったに訪れない日本のコレクターは、ますます見つけにくくなっている作品を探している。これらの作品は光と湿気で非常に傷みやすいので、ますます稀少になっている。20世紀には、川瀬巴水(かわせ はすい)や伊東深水(いとう しんすい)といった斯界の権威が浮世絵技法の維持に努めた。しかし、この素晴らしい伝統を西洋のコミックの言語に適応させたり希釈するおびただしい量の漫画が人気を博す中で、浮世絵の精神は西春のような小さな店の中に引き籠もっているようだ。今では寺町京極という巨大な商店街に囲まれて、日々の喧噪の中で行き交う人々がこの小さな財宝に注目するのは難しい。

Loja de ukiyo-e，浮世絵の販売店

浮世絵 古版画 古陶磁

西春

NISHIHARU

Taizo-in, jardim concebido pelo célebre pintor Kano Motonobu (1476-1559). 高名な画家・狩野元信 (1476-1559) の構想した庭園, 退蔵院

Colagem com washi - 和紙のコラージュ - 35 x 25 cm

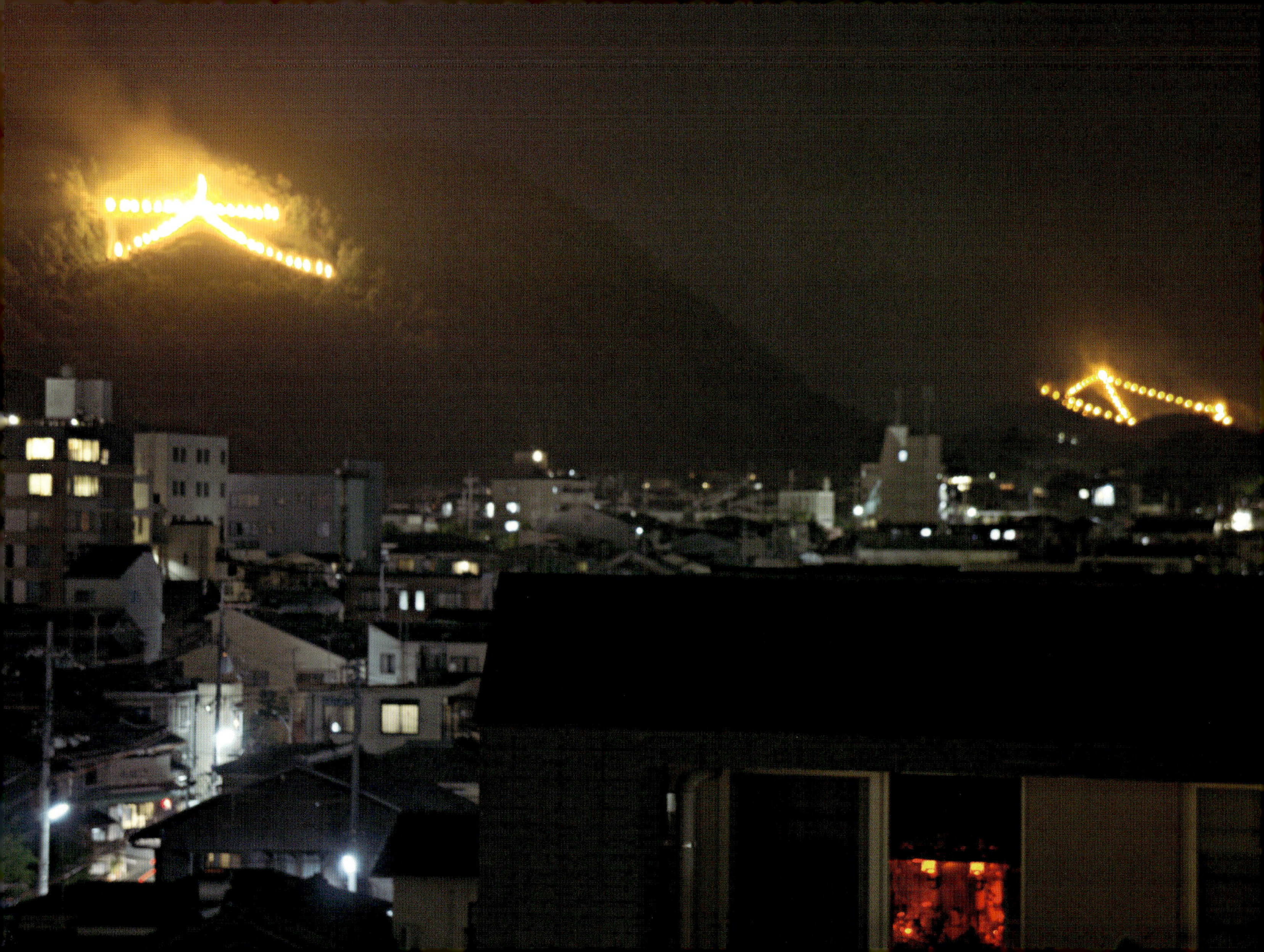

OKURIBI, HANABI

NO DIA 16 DE AGOSTO, ÁPICE DO VERÃO AQUI EM KIOTO, OCORRE O FINAL DA CERIMÔNIA DE FINADOS

A fim de demarcar cada uma das cinco montanhas de Kioto, um *kanji* específico é escolhido. Em particular, destaca-se o *kanji Dai*, que significa "grande". Nesta época, durante o Okuribi, esses sulcos desbastados no topo da montanha são incendiados à noite no intuito de conduzir as almas dos mortos para o lugar da onde vieram. O efeito é incrível, uma cena de grande impacto visual. O desenho do *kanji Dai* provoca um sentido de reunião e levantamento.

Durante o verão, fogos de artifício, *Hana-bi*, são lançados em várias cidades, produzindo cenas fascinantes. *Hana-bi* também nos faz recordar de um filme de Takeshi Kitano, realizado em 1997, que ganhou de maneira inesperada o Leão de Ouro de Veneza. Retrata a vida de um policial aposentado, desorientado pelos últimos acontecimentos: o acidente com seu parceiro e o câncer da mulher, que o fazem se endividar com a *yakuza*. Seu parceiro, Horibe, passa a pintar, como forma de superar o acidente que o deixou paralítico. O filme mostra obras que o próprio Kitano realizou quando sofreu, em 1994, um acidente de motocicleta, que deixou sua face esquerda parcialmente paralisada. Embora o filme passe uma mensagem trágica, Kitano não é tão popular no Japão como cineasta; aqui, ele é principalmente conhecido como comediante de televisão[1]. Já a *yakuza* permanece como uma força oculta invisível, mas que demarca fatos cotidianos, como, por exemplo, a proibição de frequentar uma academia de ginástica àqueles que possuem uma tatuagem à vista, marca indelével de quem faz parte desse grupo.

Após uma viagem a Tóquio para ver a Feira de Arte de Tóquio e a Trienal de Yokohama, chego com o mesmo sentido de perplexidade dos personagens de *Hana-bi*. Tóquio é uma cidade fascinante e terrível ao mesmo tempo. Ao contrário da cidade bulevar paradigmática do século XIX, cujo exemplo mais notável é Paris, onde é possível com um só golpe de vista ver uma única linha partir do Louvre até o seu centro comercial, em *La defense*, Tóquio é uma cidade de vários horizontes fragmentados. Se, por um lado, é possível contemplar toda a cidade do alto no Museu de Arte Mori, por outro revela-se de maneira escondida, no interior dos *shopping centers*, nos restaurantes e bares do subsolo. É significativo que esse museu, um dos mais importantes da cidade, esteja localizado no 53º andar de um edifício em Roppongi Hills, de onde se pode ver a cidade de cima, em uma vista panorâmica.

A cidade vive da sua própria destruição. Ressurgiu das cinzas após o grande terremoto de 1923, bem como após os bombardeios intensos que sofreu na Segunda Guerra Mundial. A destruição da guerra reforçou o sentido entrópico da cidade, conduzido pela grande especulação imobiliária. A cidade é entrecortada por viadutos – como o nosso minhocão

---

1. NT: Quando atua como comediante, Kitano usa o seu nome de guerra: "Beat Takeshi".

– e apresenta sempre horizontes distintos. Em Tóquio, é possível se perder e se reencontrar várias vezes ao dia, o que faz do turismo uma tarefa exaustiva e intensa. Não temos mais a cidade das passagens que Walter Benjamin descrevia, onde o observador era um *flâneur* que passeava pelas vitrines em busca de curiosidades. Neste caso, a passagem é rápida, seu ápice é a figura do trem-bala, que pode deslocar o passageiro com enorme rapidez. Não é à toa que o melhor mapa para se andar nesta cidade seja efetivamente o do metrô. O plano futurista de unir Tóquio a Osaka, com um novo trem-bala capaz de percorrer mais de 500 quilômetros em uma hora, criando uma única grande cidade, pode não ocorrer tão breve como o esperado, mas temos a sensação de que este é um movimento sem volta.

Creio que o que acontece em Tóquio ocorre em várias metrópoles contemporâneas. Reflete-se, por sua vez, no mundo da arte, onde a arquitetura tem um papel cada vez mais decisivo, inclusive na maneira de se apresentar a obra de arte. Ao visitar a feira de artes deste ano, postergada devido ao *tsunami*, entramos no Tokyo International Forum, construído em 1996. Trata-se de um belíssimo projeto arquitetônico do arquiteto uruguaio Rafael Viñoly, um marco futurista, mas que também nos faz pensar nas grandes passarelas de Piranesi. Na feira, temos a sensação de termos de nos locomover, mesmo que não se saiba para onde. É como fazer um *browse* no computador, em que se pode abrir várias janelas ao mesmo tempo – é muito difícil achar um fio condutor no meio de tanta informação.

Tudo se perde diante da grandiosidade do projeto, em que, como nas grandes catedrais góticas, nos sentimos diminutos. O mesmo fenômeno ocorre na Trienal de Yokohama. Neste caso, o projeto do Yokohama Museum of Art foi feito pelo ganhador do prêmio Pritzker de arquitetura de 1987, Kenzo Tange. O projeto é bastante problemático, para não dizer feio mesmo, mas o que resta na memória são obras dispostas dentro deste grande interior. À medida que a arte contemporânea se torna cada vez mais informe, eclética e até mesmo confusa, é o espaço dos museus que dita como a obra de arte deve ser vista. Aliás, a exposição feita pelo filósofo francês Lyotard, *Les immateriaux*, em 1985, realizada num museu extraordinário como o Centre Georges Pompidou, projetado por Renzo Piano, em 1977, com o passar dos anos, torna-se paradigmática para entender a arte contemporânea.

Pelo menos neste caso o termo "pós-modernismo" definitivamente vingou: vemos uma arte cada vez mais eclética, multicultural, informe, que mistura vários suportes, narrativas e tempos históricos. O observador fica totalmente desorientado: é preciso a narrativa inventada pelo curador e o espaço projetado pelo arquiteto para sabermos o que é arte. Outra experiência que diz respeito às ideias lançadas neste breve artigo é a que ocorre na cidade de Kanazawa. Concluído em 2004, o Museu de Arte Contemporânea do Século 21, projetado pela dupla de arquitetos Sejima e Nishizawa (SANAA), ganhadores do prêmio Pritzker deste ano, desempenha um papel fundamental na cidade. Tornou-se um polo turístico. O museu, como diz o fôlder, "é desenhado como um parque onde as pessoas podem se reunir. O círculo, feito de vidro, resulta numa definição espacial ambígua, uma espécie de membrana reversível, fazendo com que os visitantes possam sentir a presença do outro". Os museus projetados pelos grandes arquitetos atuais desempenham assim um papel fundamental na cidade; se Atenas tinha sua grande Ágora, sua praça para discussão dos cidadãos, creio que os museus passam a desempenhar este lugar público no meio de metrópoles cada vez mais entrópicas. Em vez de guardar obras de arte, o museu contemporâneo reúne pessoas – as obras são feitas a fim de estimular experiências coletivas.

送り火、花火

8月16日、京都の夏の盛りの、お盆を締めくくる行事。

京都の五山を区別するため、それぞれに漢字1文字を当てはめる。中でも大の字が際立っている。この時季、送り火の最中に、山の上に掘った溝に夜間火を焚いて死者の精霊を本来の場所へと送り返す。効果は素晴らしく、視覚的に強いインパクトがある。「大」という漢字のデザインは再会の思いと高揚感をもたらす。

夏には多くの街で花火を打ち上げ、魅惑的な光景が生み出される。花火といえば、1997年に製作され、図らずもヴェネツィア国際映画祭の金獅子賞を受賞した北野武監督の「HANA－BI」を思い出す。同僚の災難や妻の癌といった最近の出来事のせいで途方に暮れ、ヤクザに借金を負うはめになる退職警官の人生を描く。同僚の堀部は半身不随となった事故を克服するために絵を描き始める。映画では、北野自身が1994年のオートバイ事故の際に描いた作品を見せる。この事故で北野は左顔面が部分的に麻痺してしまった。この作品は悲劇的メッセージを伝えるが、北野は日本では映画監督としてさほど人気はなく、主にテレビのコメディアンとして知られている[1]。一方、ヤクザは隠然たる勢力として存在するが、日常生活では区別され、例えば人目に触れる刺青のある者はスポーツジムの利用を禁じられる。暴力団の構成員である拭いがたい烙印だからだ。

アートフェア東京と横浜トリエンナーレを観に首都を訪れてから、私はHANA－BIの登場人物たちと同じ当惑した思いで帰ってくる。東京は魅惑的であると同時に恐ろしい街だ。広い並木道のある19世紀の模範的都市の代表格パリでは、ルーヴルからビジネス街のラ・デファンスに至る一直線を一望の下に見渡せるが、東京はそれと違い、様々な領域が断片化した都市だ。森美術館の高みから街を一望できる一方で、東京はショッピング・センターの内部や地下のレストランやバーの中で密かに現出する。この街の最も重要な美術館のひとつである同美術館が六本木ヒルズのビルの53階にあり、都市の全景を上から見渡せるのは意味深長である。

1. （訳注）コメディアンとしての北野武は「ビートたけし」の芸名を使う。

東京は自らの破壊と共に生きている。1923年の関東大震災の後も、第2次世界大戦の大空襲の後も、焼け跡の中から蘇った。戦禍による破壊は街の無秩序な方向性に拍車をかけ、大々的な不動産投機がそれを先導した。街はサンパウロ市中心部を走る通称「ミニョカォン」（巨大ミミズ）と同じような高架道路によって分断され、常に異なる景観を呈する。東京では繰り返し日に何度も迷子になることがあり、観光は疲労困憊する。ヴァルター・ベンヤミンが描いたパサージュの街、観察者が珍しい物を求めてウィンドウを散策する遊歩者（フラヌール）だった街はもはやない。ここでは通過（パサージュ）は迅速で、その極みは乗客を高速移動できる新幹線のイメージだ。この街を歩き回るための最良の地図が実質的に地下鉄路線図なのは故なきことではない。時速500キロを超える速度で走るリニア新幹線で東京と大阪を結び付けてひとつの大都市を作る未来計画は、期待されるほど早くは実現しないかもしれないが、これは後戻りできない動きだという気がする。

東京で起こっていることは現代の様々な大都市で起こっているだろう。この現象は一方で美術界にも反映し、建築はますます決定的な役割を担っており、芸術作品の見せ方もそれに含まれる。津波のせいで延期された今年のアートフェア東京を見学した際に、1996年に竣工した東京国際フォーラムを訪れた。ウルグアイ人建築家ラファエル・ヴィニオリの非常に美しい建築で、未来派の記念碑だが、同時にピラネージの大回廊も想起させる。このアートフェアは、あてどなく移動せねばならない気持ちにさせられる。ウィンドウを同時にいくつも開けるコンピュータでブラウズするようなものだ——膨大な情報の中で導きの糸を見つけるのはたいへん難しい。

壮麗な建築の前にすべてが消え失せ、ゴシック様式の大聖堂にいるように私たちは卑小感を味わう。横浜トリエンナーレでも同じ現象が起こる。こちらの横浜美術館の設計は、1987年プリツカー賞受賞者・丹下健三が担当した。こ

の設計は、醜悪とは言わないまでも問題が散見するが、記憶に残るのは巨大な室内に配置された作品だ。現代美術がますます不定形で折衷的に、支離滅裂にさえなるに従い、美術館の空間が美術作品の見方を規定する。ちなみに、フランスの哲学者リオタールがジョルジュ・ポンピドゥー・センター（レンゾ・ピアノ設計、1977年竣工）という素晴らしい美術館で1985年に開催した「非物質的なもの（Les　immateriaux）」展は、時の変遷と共に、現代美術を理解するための理論的枠組みとなっている。

　少なくともこの場合、「ポスト・モダニズム」という用語は決定的に成就した。美術はますます折衷的で多文化的、不定形になり、様々な基盤や物語、歴史時代を混交している。観察者は完全に途方に暮れ、キュレーターが創作した物語や建築家が設計した空間がなければ美術の何たるかを理解できない。本稿に記した考えと合致する事柄を金沢市も経験している。妹島和世と西沢立衛（SANAA）の二人の建築家（2011年にプリツカー賞受賞）が設計し2004年に竣工した金沢21世紀美術館は、同市で重要な役割を果たしている。観光名所となったのだ。同美術館は、パンフレットによれば「人々が集う公園のように構想されている。ガラスのアートサークルを採用し、空間の仕切りを裏表のない膜のように曖昧にして、参観者が他者の存在を感じとれるようにしている」。現代の大建築家が設計した美術館はこのように都市の中で重要な役割を果たす。アテネに市民の討論の広場である大きなアゴラがあったように、美術館はますます均質化する大都市の中でこうした公共の場となっていくと思う。美術作品を収蔵する代わりに、現代の美術館は人々を集める――作品は共同体験を促すために制作される。

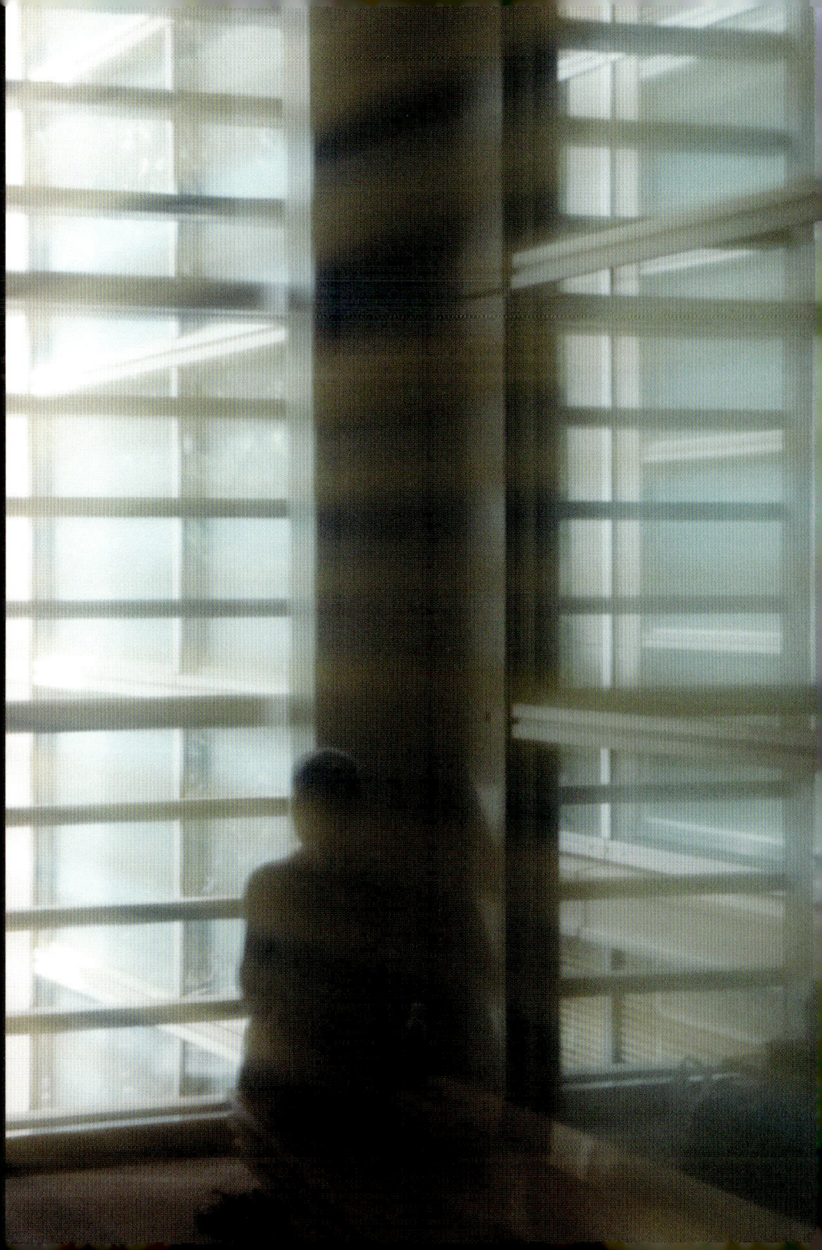

Colagem com washi · 和紙のコラージュ, 35 x 25 cm

Espelho (remete a deusa solar Amateratsu) fotografia em Kitano Tenmagu. 鏡（太陽神天照大神を表す）、北野天満宮で撮影

Interior de um templo em Nikko · 日光の神社の内部

Colagem com washi. 和紙のコラージュ, 35 x 25 cm

Monge zen em Kioto. 京都の禅僧

Monges em Chishaku-in · 智積院の僧

Pachinko em Kobe・神戸のパチンコ店

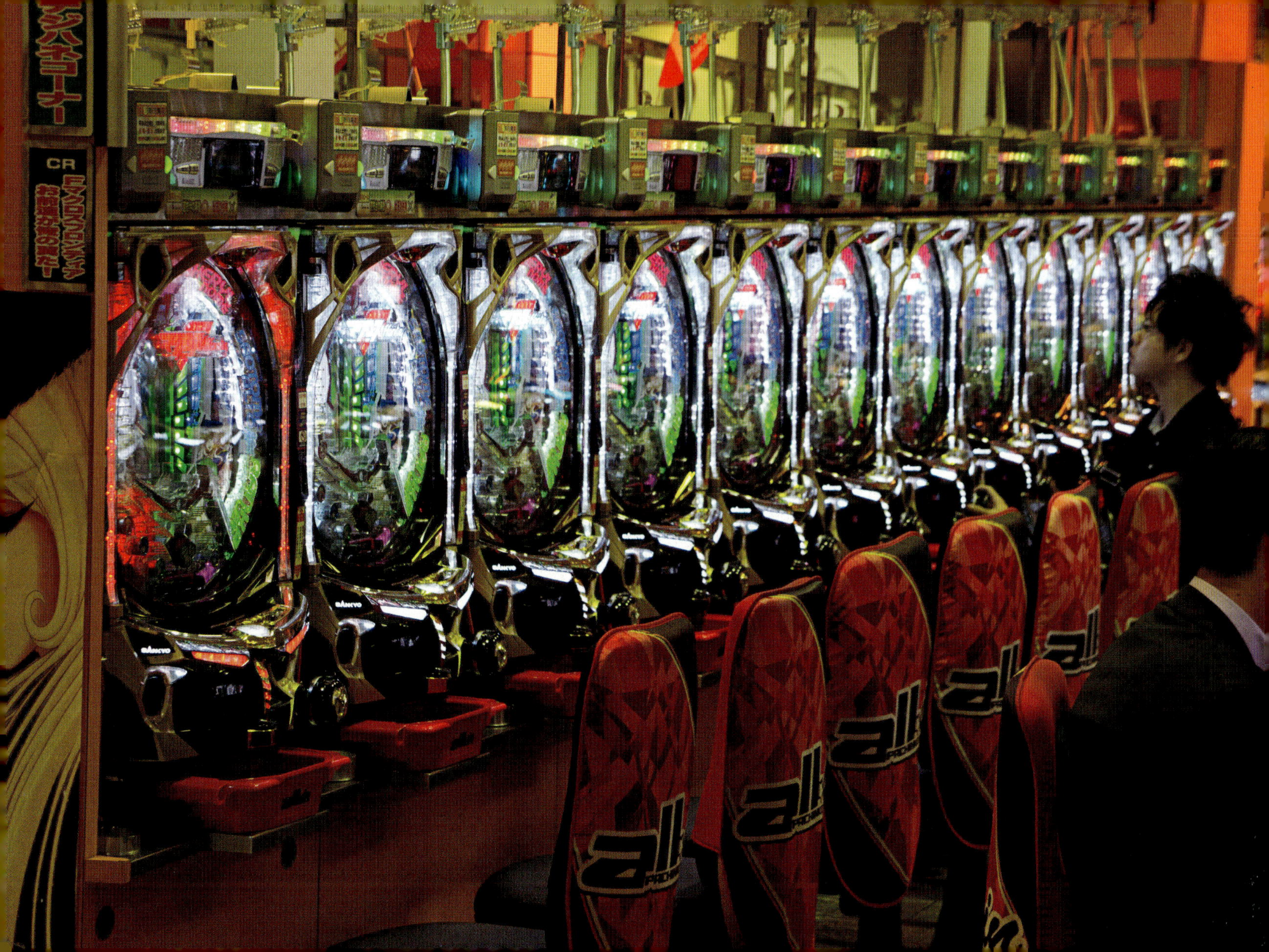
ハネコーナー
CR

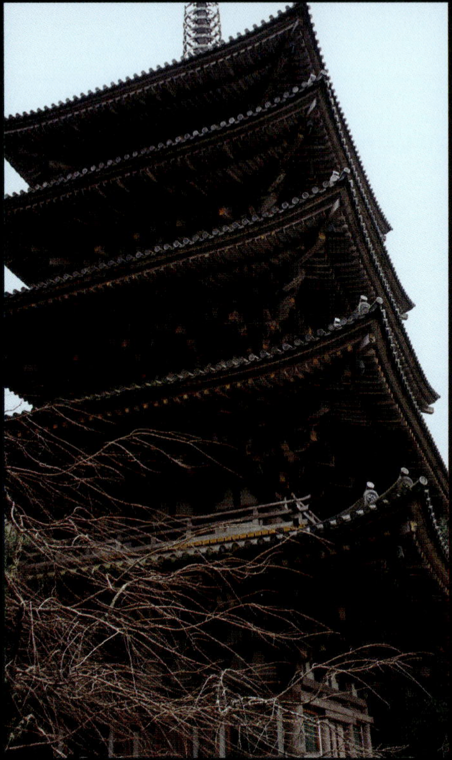
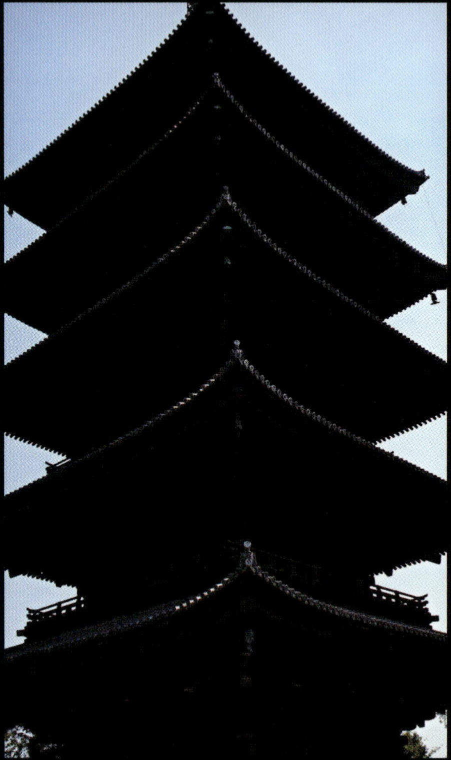
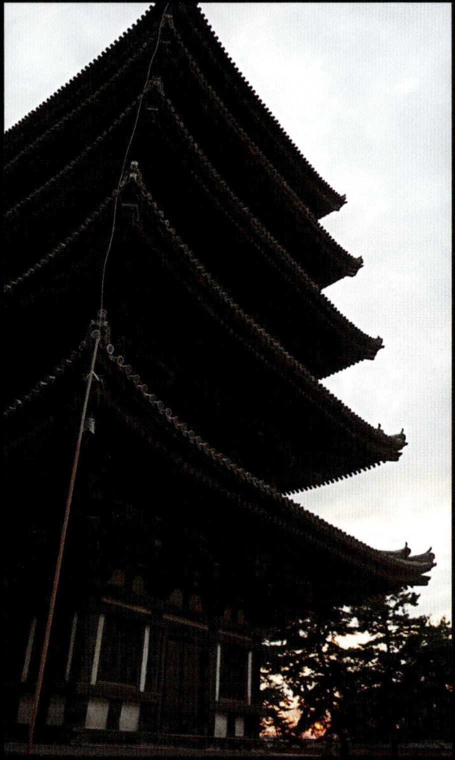

DIÁLOGO RARO E DELICADO

ENTRE O OCIDENTE E O ORIENTE,
UM OLHAR SOBRE A ARTE JAPONESA DENTRO E FORA DO JAPÃO

06 DE NOVEMBRO DE 2011 É difícil de acreditar, mas a maioria dos japoneses não tem a menor ideia de que o Brasil tem cerca de um milhão e meio de imigrantes japoneses, dentre os quais cerca de 350 mil vivem em São Paulo. Desconhecem por completo a importância desses imigrantes na nossa cultura. É realmente triste notar como artistas tão conhecidos no Brasil não são reconhecidos devidamente no país em que nasceram. Creio que não se trata de um fenômeno exclusivo daqui. Por acaso, os italianos reconhecem a grandeza do nosso pintor maior, Volpi? Grande parte dos paulistanos já ouviu falar de Tomie Ohtake, seja a artista, seja o instituto. Mas esta célebre artista, nascida em Kioto, infelizmente não tem seu devido reconhecimento em sua cidade natal. As observações sagazes de Mario Pedrosa sobre o Japão têm me ajudado muito a compreender o que acontece por aqui. Ele permaneceu cerca de dez meses no Japão, entre 1958 e 1959. Nos artigos que escreve para o *Jornal do Brasil*, o autor nos diz que "no Japão não há apenas, como no Ocidente, o problema da querela dos acadêmicos e modernos, a querela fundamental que divide o mundo das artes. Há aqui, além do mais, o problema da arte tradicional japonesa em face da arte ocidental, que conta com uma poderosa corrente, sem falar no modernismo *vis-à-vis* a corrente tradicional". Ao tecer várias considerações sobre a cultura japonesa, ele nos mostra como a ocidentalização do Japão foi traumática, vinda de fora para dentro. Ao contrário das vanguardas europeias, que criaram uma nova linguagem para se opor à tradição, neste caso, o modernismo foi importado por alguns artistas, no intuito de defender a abertura do Japão para o Ocidente. Eles importaram ideias advindas da Europa e as transportaram para uma realidade totalmente distinta. Esse processo, paradoxalmente, ocorre justamente no momento em que os artistas impressionistas europeus, como Van Gogh e Manet, ficam fascinados com as estampas populares japonesas de Hokusai e Hiroshige, entre muitos outros.

Algo semelhante acontece no Brasil, quando importamos libelos liberais durante um período em que persistia a escravidão; trata-se das famosas "ideias fora do lugar" tão bem analisadas por Roberto Schwarz. Tanto o Brasil como o Japão estavam distantes geograficamente da vanguarda europeia, de modo que a maioria dos artistas locais teve que se locomover para lá a fim de absorver as novidades. Chegam na Europa como estrangeiros, tentando apreender uma cultura que lhes é exógena. Em uma cidade de imigrantes como São Paulo, muitos costumes e tradições parecem fora do lugar. A cultura dos imigrantes sempre vai se distanciando de suas origens. Muitas vezes, acaba preservando termos linguísticos que não são mais utilizados no país de origem: por exemplo, o japonês que se fala na Liberdade (quando não é coreano e chinês) se distancia muito da língua falada

Vista de pagodes em Daigo-ji e Nara · 醍醐寺と奈良の五重塔の眺め

correntemente no Japão, e o mesmo ocorre com o italiano falado pela comunidade imigrante italiana.

Em *Louvor da sombra*, um belíssimo livro, um tanto nostálgico, Junichiro Tanizaki faz uma análise desse estranhamento, à medida que o ambiente e a cultura japonesa, que sempre conviveram com a sombra e a meia-luz, passam a ser iluminados com luz elétrica. O mesmo pode ser dito da pintura *fusuma-e*[1] tradicional (pintura feita em painéis), que sempre estabeleceu uma relação orgânica com a arquitetura japonesa, e, de repente, é transposta para a pintura de cavalete, posteriormente colocada em um espaço asséptico de paredes brancas. Todo o encanto e sutileza dessa pintura se desfaz quando a relação entre a pintura e o espaço circundante se extingue. Os estrangeiros contribuíram muito para que o Japão, na ânsia de se modernizar, não destruísse sua cultura milenar. Por exemplo, Ernest Fenollosa (1853-1908), professor americano de filosofia e economia política da Universidade Imperial de Tóquio, lutou para que vários templos budistas não fossem destruídos durante a restauração do Imperador Meiji e com o surgimento de um novo fervor xintoísta e nacionalista. Os japoneses deveriam, afinal de contas, dar mais valor aos estrangeiros e a seus imigrantes.

Se o contato com a cultura ocidental muitas vezes foi artificial, vale a pena indagar em que medida os artistas imigrantes japoneses, justamente por viverem cotidianamente com a cultura ocidental, não a acabam assimilando de maneira mais dialética, de modo mais vivenciado. Na pintura dos imigrantes desaparecem as contradições entre a pintura tradicional japonesa (*nihonga*) e a pintura moderna ocidental (*yoga*), surgindo daí uma linguagem capaz de captar as transformações da arte moderna de maneira mais orgânica, como a abstração, por exemplo, que se torna menos decorativa, externa e artificial. A meu ver, essa contradição entre abstração e figuração nunca existiu na arte japonesa tradicional, em que uma pincelada em um *fusuma-e* pode ser gesto e figura ao mesmo tempo. A abstração aparece, portanto, como uma categoria externa e artificial, uma ideia fora do lugar que não é capaz de descrever as sutilezas da pintura japonesa, tornando-se um conceito, *a priori*, cego e inútil.

A maioria dos artistas imigrantes segue a linha de ocidentalização da pintura japonesa, utilizando a pintura a óleo e se contrapondo às técnicas e aos estilos tradicionais, como se o processo de ruptura se fizesse necessário pelo tempo e pelo espaço. Em uma entrevista recente que Tomie Ohtake me concedeu, afirmou, para minha surpresa, que Mark Rothko foi uma de suas maiores influências. É evidente que para o artista contemporâneo, mais do que afinidades culturais herdadas da imigração, valem as afinidades eletivas. Mesmo tendo a cidadania italiana adquirida justamente pelos compromissos que os imigrantes italianos assumiram com seu governo antes de deixar seu país, compartilho com Tomie também a mesma afinidade por este pintor russo, de origem judaica, que emigrou para Nova York. Aliás, é interessante notar que o Museu de Arte DIC Memorial Kawamura, em Chiba, tem um dos conjuntos de obras mais significativas desse artista, uma parte da série *Seagram*, que também pode ser vista na Tate Modern, em Londres.

É inegável que a hegemonia da arte americana no pós-guerra influenciou os rumos da pintura, seja no Japão,

---

1. NT: *Fusuma-e* é uma pintura desenhada na superfície do *fusuma*, painel vertical retangular que desliza sobre um trilho e serve de divisória do espaço ou porta na arquitetura japonesa.

na Coreia, na Europa ou na América do Sul. Nesse sentido, creio não ser possível estabelecer uma relação direta entre a pintura feita pelos imigrantes japoneses e a produção feita no Japão atualmente, sem passar por uma avaliação singular de como cada artista administra suas afinidades eletivas. Por outro lado, à medida que o tráfego da informação visual tende a se globalizar cada vez mais com o desenvolvimento tecnológico, creio ser antes mais produtivo pensar em contrapontos entre a pintura que se faz no Brasil e aquela que se faz no Japão, sem buscar necessariamente uma fundamentação sociológica que coloque a raiz do problema na imigração. Há afinidades entre artistas japoneses e artistas brasileiros que não são descendentes que se tecem em outras instâncias. Assim como a arte norte-americana foi paulatinamente sendo vista com outros olhos pela Inglaterra, espero que nosso crescimento econômico possa contribuir para que os artistas brasileiros e seus imigrantes passem a ter seu devido reconhecimento.

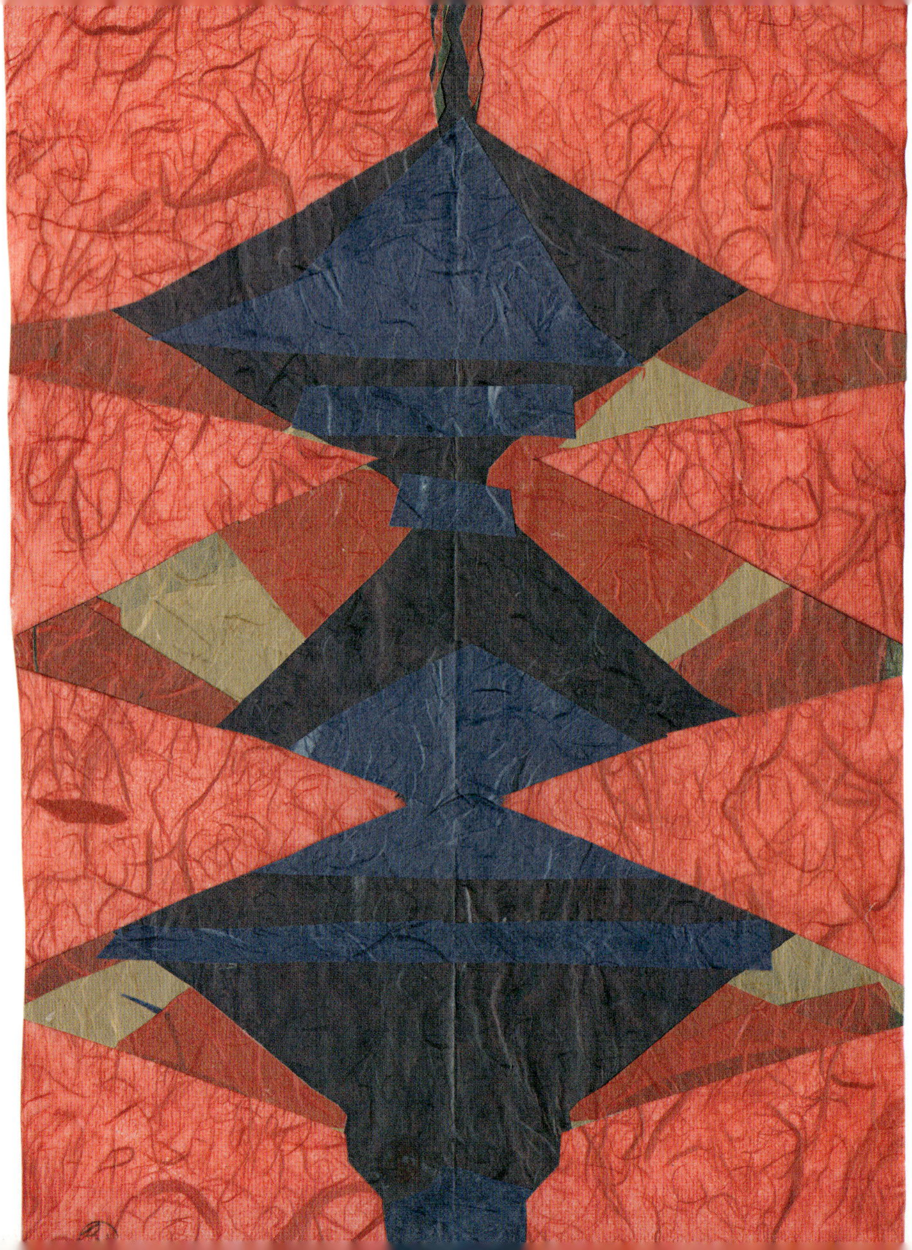

西洋と東洋との希有で繊細な対話

国内と海外の日本美術に対する眼差し

2011年11月6日 信じがたいことだが、日本人の大半はブラジルに約150万人の日系移民がいて、そのうち約35万人がサンパウロに住んでいることをつゆ知らない。日系移民がブラジル文化に果たした重要な役割をまったく知らない。ブラジルであれほど有名な芸術家が、祖国で正当に認められていないことを知るのは実に悲しい。しかしこれは日本特有の現象ではないと思う。ならば、イタリア人はブラジルの最も優れた画家であるヴォウピの偉大さを認めているだろうか？　大多数のサンパウロ市民は芸術家トミエ・オオタケ、あるいはその名を冠した文化センターのことを耳にしたことがある。だが京都生まれのこの著名な芸術家は、残念ながら生まれ故郷では正当に認知されていない。マリオ・ペドローザの日本に関する鋭い観察が、当地の事情を理解するのに大いに役だった。ペドローザは1958年から1959年にかけて約10カ月間日本に滞在した。ジョルナウ・ド・ブラジル紙に寄稿した記事でこの著述家は「日本には、西洋のような、美術界を二分する基本的論争であるアカデミズムとモダニズムの論争の問題があるだけではない。ここには、モダニズム対伝統的思潮は言うに及ばず、それに加え、強力な流れである西洋芸術に対峙する日本の伝統芸術の問題がある。」と述べている。日本文化について様々な考察を展開する中で、彼は外的要因による日本の西欧化がいかに精神的な傷を残したかを示す。伝統に対抗するために新たな言語を生み出したヨーロッパの前衛とは異なり、ここでは、モダニズムは一部の芸術家によって、日本の欧米への開国を擁護する目的で輸入された。彼らはヨーロッパ起源の思想を輸入し、まったく異なる現実に向けて翻訳した。このプロセスは、逆説的に、ヴァン・ゴッホやマネなどヨーロッパの印象派の芸術家が、北斎や広重その他大勢の手になる日本の大衆的版画に魅了された時期と時を同じくして起こった。

ブラジルでも似たような出来事があり、奴隷制が存続する中で自由主義の風刺文書が輸入された。文芸批評家ロベルト・シュヴァルズが巧みに分析した、かの有名な「場違いの思想」である。ブラジルも日本もヨーロッパの前衛から地理的に遠く離れていたので、国内芸術家の大半は新思潮を吸収するために洋行せねばならなかった。外国人としてヨーロッパに到着し、外来の文化を学ぼうとする。サンパウロのような移民の街では、多くの習慣や伝統が場違いに思える。移民の文化は常にその根源から遠ざかって行く。往々にして、本国ではすでに使われなくなった言葉を守り通す。例えば、日本人街リベルダージで話される日本語は（韓国語や中国語でなければ）日本で現在話されている日本語とはずいぶん異なるし、イタリア系移民のコミュニティで話されるイタリア語もまた然りである。

谷崎潤一郎は『陰翳禮讃』という、非常に美しい、ややノスタルジックな書の中で、常に陰や薄明かりに親しんできた日本の雰囲気や文化が、電灯で照明されるに伴い生じる違和感について分析している。伝統的な襖絵[1]についても同じで、常に日本建築と有機的な関係を保っていたが、突然イーゼルに移され、その後、白壁の無菌的な空間に置かれるようになった。襖絵の魅力と繊細さは、絵と周囲の空間の関係が途絶えた時にことごとく消失した。近代化を渇望する日本が千年来の文化を破壊しないように外国人は大いに尽力した。例えば、東京帝国大学で哲学と経済学を講じた米国人教授アーネスト・フェノロサ（1853〜1908年）は、明治維新と神道ナショナリズムの勃興の中で多くの仏教寺院が破壊されないよう奮闘した。とどのつまり、日本人は外国人や自国の移民をもっと高く評価すべきである。

西欧文化との接触がたいてい人為的なものだったとしたら、日本人移民の芸術家は日常的に西欧文化の中で生活しているからこそ、最終的にはより弁証法的に、より生活に根ざした形でそれを同化吸収するはずで、その度合いを

1.（訳注）襖絵とは襖に描いた絵。襖とは敷居の上を横滑りする縦長の長方形パネルで、日本建築において間仕切りや戸の役割を担う。

調べることは価値がある。移民の絵画では伝統的な日本画と近代的な洋画の間の矛盾は消え失せ、そこから生まれた言語は現代美術の変化をより系統的に捉えることができる。例えば抽象芸術作品は、装飾的、形式的、人工的な側面が減少している。私の見るところ、この抽象と形象の間の矛盾は日本の伝統美術には一度も存在せず、襖絵の筆の一筆は、表情であると同時に形であり得る。従って、抽象化は形式的で人工的な範疇、日本画の繊細さを表現する能力のない場違いな思想として登場し、先験的に無分別で無益な概念となる。

移民芸術家の大多数は日本画の西洋化の流れに従い、油絵を用いて伝統的な技巧や様式と対立する。あたかも断絶のプロセスが時間的にも空間的にも必要であるかのように。最近トミエ・オオタケに話を伺った際、彼女は意外にも、最も影響を受けた人物の一人はマーク・ロスコだと述べた。現代の芸術家にとっては、移民によって受け継いだ文化的類似性よりも、選択的親和性に意味があるのは明らかである。筆者はイタリア人移民が故国を出立する前に自国政府と交わした合意に基づきイタリアの市民権を有するが、トミエと同じように、ニューヨークへ移民したこのユダヤ系ロシア人画家に対する親近感を抱いている。ちなみに、千葉県にあるDIC川村記念美術館は、この画家の最も重要な作品群のひとつ、ロンドンのテート・モダンでも鑑賞できるシーグラム壁画のシリーズの一部を収蔵している。

戦後のアメリカン・アートのヘゲモニーが、日本や韓国、ヨーロッパ、南米において絵画の方向性に影響を与えたことは否定しようがない。その意味で、個々の作家が自身の選択的親和性をどう把握しているかを個別的に評価することなしに、日本人移民が描いた絵と今日の日本で制作された作品との直接的な関係を規定することはできないと思う。その一方で、技術進歩に伴い視覚情報のやり取りがますますグローバル化する流れの中では、問題の根源を移民に帰す社会学的理由付けを必ずしも求めずに、ブラジルで制作される絵画と日本で制作される絵画の対照性について考える方がより建設的だと思う。日本の芸術家と非日系ブラジル人芸術家の間にも、別の次元で織り成される親和性が存在する。アメリカン・アートがイギリスで徐々に別の見方をされるようになったのと同様、我が国の経済成長がブラジル人芸術家やブラジルの移民の正当な認知に貢献することを願っている。

Jardim das Belas Artes de Kioto, projeto de Tadao Ando, com reprodução em azulejo da Última Ceia de Leonardo da Vinci
京都府立陶板名画の庭（安藤忠雄設計）にある、レオナルド・ダ・ヴィンチの「最後の晩餐」を再現した陶板画

Water Temple, projeto de Tadao Ando, em Honpuku-ji, Awaji-shima・淡路島にある本福寺の水御堂(みずみどう)(安藤忠雄設計)

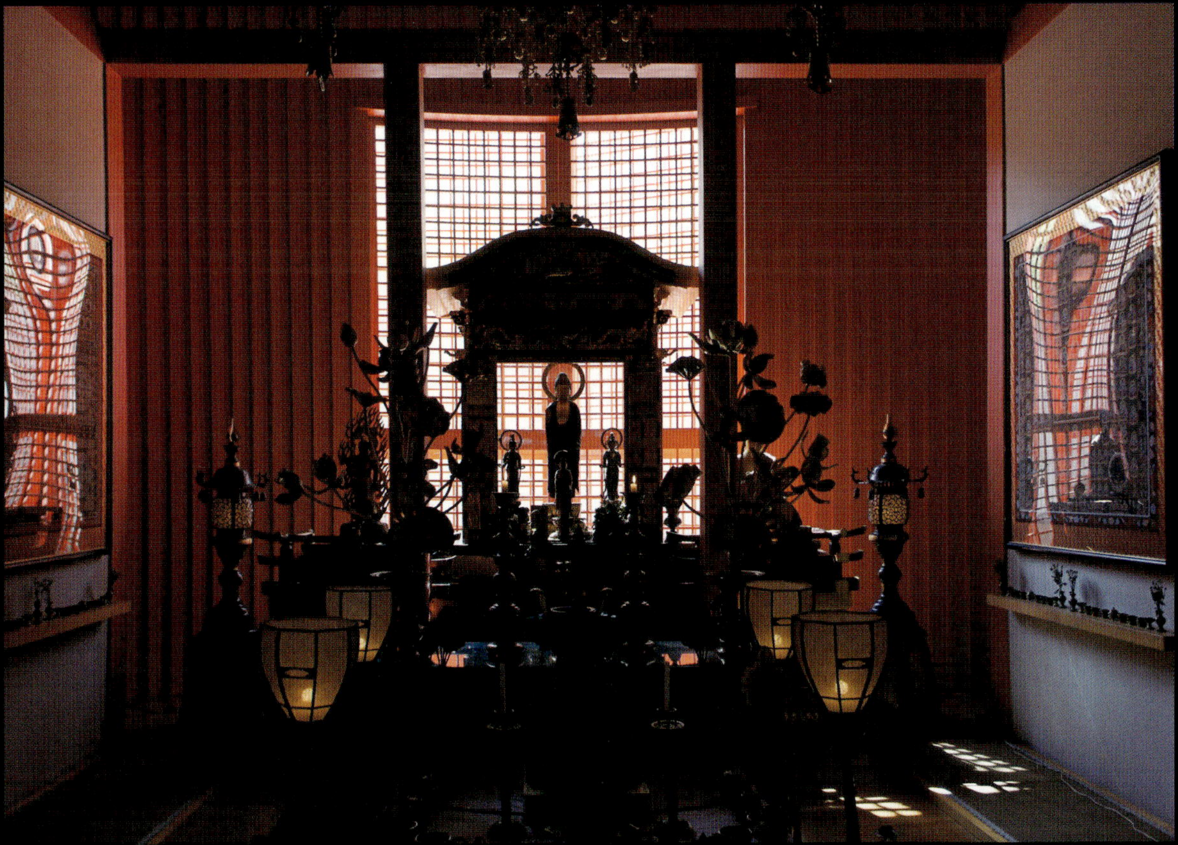

Kinkakuji no verão · 夏の金閣寺

Kinkakuji no inverno · 冬の金閣寺

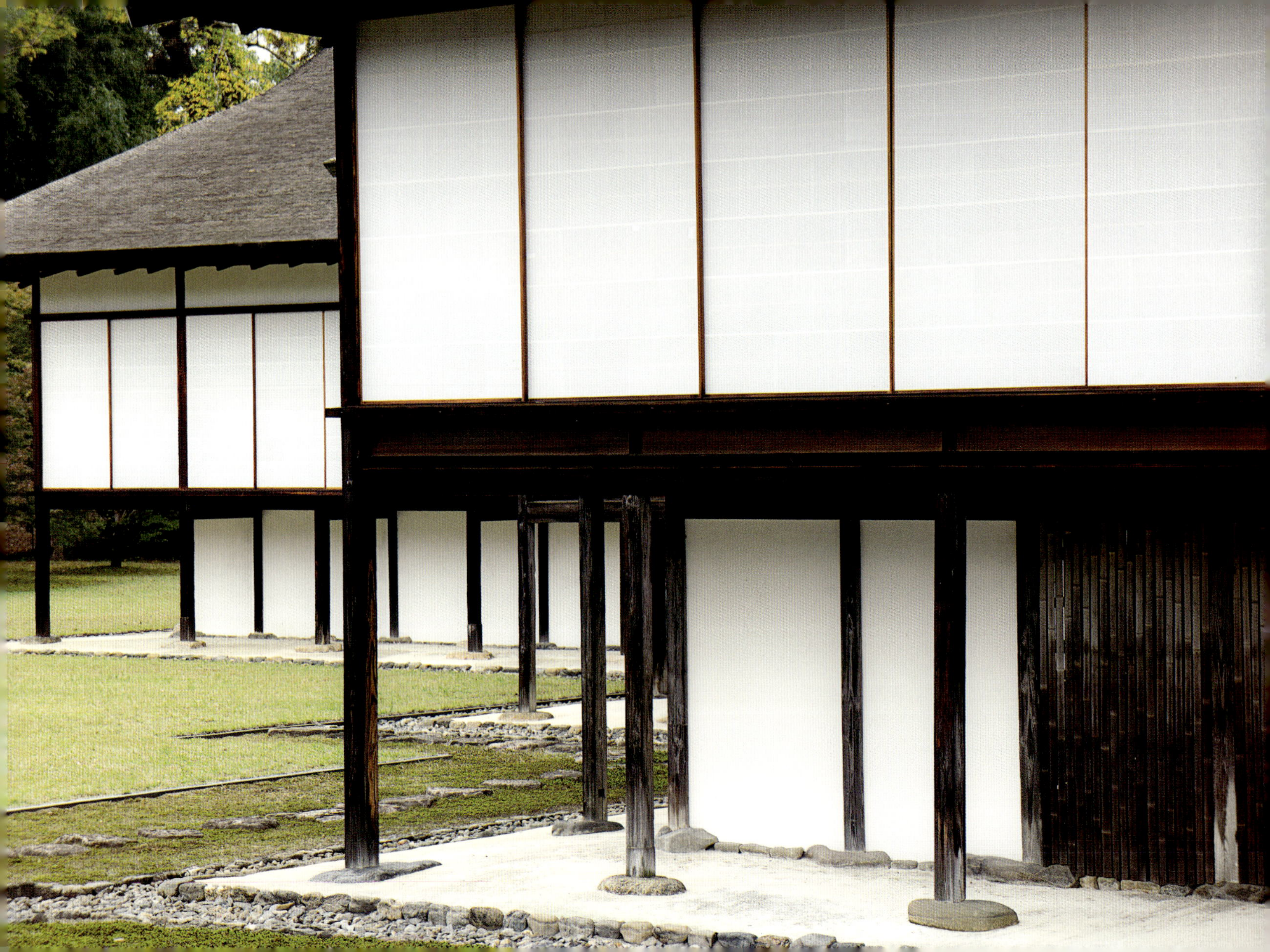

AS VÁRIAS VIDAS DE KATSURA

NO PALÁCIO ERGUIDO NO SÉCULO XVII, É POSSÍVEL VER DE PERTO O ÁPICE DO REFINAMENTO ESTÉTICO JAPONÊS – E A TRANSFORMAÇÃO DE UMA PAISAGEM

04 DE DEZEMBRO DE 2011 Kioto é uma cidade fascinante justamente porque se esconde. O costume de fugir do dia a dia e encontrar refúgio na cerimônia do chá é milenar. Não se trata apenas de um encontro fortuito para uma conversa passageira; nessas reuniões, nobres e samurais deveriam abandonar suas espadas e encontrar um ambiente minuciosamente preparado para o deleite estético: utensílios de valor histórico são escolhidos cuidadosamente em aposentos destinados à contemplação da natureza.

A espiritualidade japonesa se tece nessa relação com a natureza, seja mediante manifestações dos espíritos ou *kamis* do xintoísmo, seja na busca de uma comunhão budista entre indivíduo e universo. Para tanto, os monges muitas vezes buscam, assim como os nobres, refúgio nas montanhas.

A vila Katsura, construída no começo do século XVII, está situada em um lugar privilegiado para se admirar a lua, costume comum entre os nobres do período Edo. Aqui, pode-se testemunhar o ápice do refinamento estético japonês. Os pavilhões são meticulosamente construídos, no intuito de se estabelecer uma relação de epifania com as estações. As portas e *fusumas* (painéis) são modulados a fim de propiciar uma visão privilegiada para o exterior. Tudo é feito basicamente com madeira, tatames, papel de arroz, telha fina de madeira e um revestimento de argamassa de cal ou terra batida para as paredes.

Seu aspecto moderno salta imediatamente aos olhos, principalmente se pensarmos que neste momento predominava o Barroco e o Rococó na Europa. A vila Katsura logo se tornou uma espécie de paradigma para todo o modernismo: Bruno Taut, Le Corbusier e Gropius, que chegou a visitar a vila em 1954, exaltaram sua elegância e austeridade. Seu princípio de construção por módulos, espaços abertos com paredes móveis, se tornou básico para a arquitetura modernista.

No Japão, a imagem aparecia como um elemento a mais para celebrar a passagem do tempo, estava atrelada a diversos rituais, como a cerimônia do chá, o *kakemono*: pintura que se guarda em rolo e que é em determinadas estações do ano disposto na parede. Neste caso, pode ser tanto uma imagem ou um poema com bela caligrafia.

Se compararmos com os célebres afrescos romanos da casa de Lívia, dos anos 30-20 a.C., podemos de imediato notar uma relação totalmente diversa da arquitetura com a imagem. Os afrescos, que resistiram à força do tempo, estão justamente nos recintos mais fechados, enclausurados, num espaço sem janelas. Se a relação com o mundo exterior é bloqueada, cabe ao pintor criar uma paisagem ideal, um espaço virtual, para o olhar. Justamente o contrário acontece em Katsura, onde arquitetura e natureza são continuamente moldados em perfeita harmonia, mesmo que isso signifique redesenhar a paisagem a cada instante. A presença de um arbusto situado ao final de uma viela é significativa, pois lá está justamente para impossibilitar uma visão completa da paisagem, que deve ser desvendada pouco a pouco. À medida que caminha, o observador vislumbra paisagens sempre mutantes, pois a folhagem, as carpas no lago, o musgo, as pedras, tudo se transforma a cada instante.

Talvez por esse motivo é que os japoneses atribuam tamanha importância à ponte, que está situada sempre como elo entre duas geografias distintas. Não é à toa que Monet vai se inspirar nessas paisagens para combater o paradigma italiano da *veduta* ideal, que parte do princípio de que vemos sempre a mesma natureza a partir de um só golpe de vista.

Se a vila Katsura de fato foi um paradigma para o modernismo, este, na sua versão comercial, especulativa, em muito contribuiu para aumentar o contraste urbano na cidade. Após sairmos da vila e depararmos de volta com a cidade, vemos com desgosto como Kioto pode ser tão bela e tão feia ao mesmo tempo: anomalias arquitetônicas invadem o centro da cidade, seja na forma de conjuntos habitacionais revestidos de um azulejo cinzento, seja pelo "novo-riquismo" que resultou em prédios horrendos na avenida Oike. Não temos a beleza mórbida de Veneza, que por ser tão bela por inteiro parece estar sob ameaça do mundo externo. Em Kioto, a ameaça vem de dentro, corroída pela especulação – rios, parques, palácios, vilas e templos são verdadeiros oásis. Tanto o templo dourado, solar, como o templo prateado, com sua paisagem lunar, têm, no cume de seus telhados, uma fênix que viaja para sempre no tempo e no espaço, resistindo a incêndios e terremotos, bem como à recente especulação imobiliária.

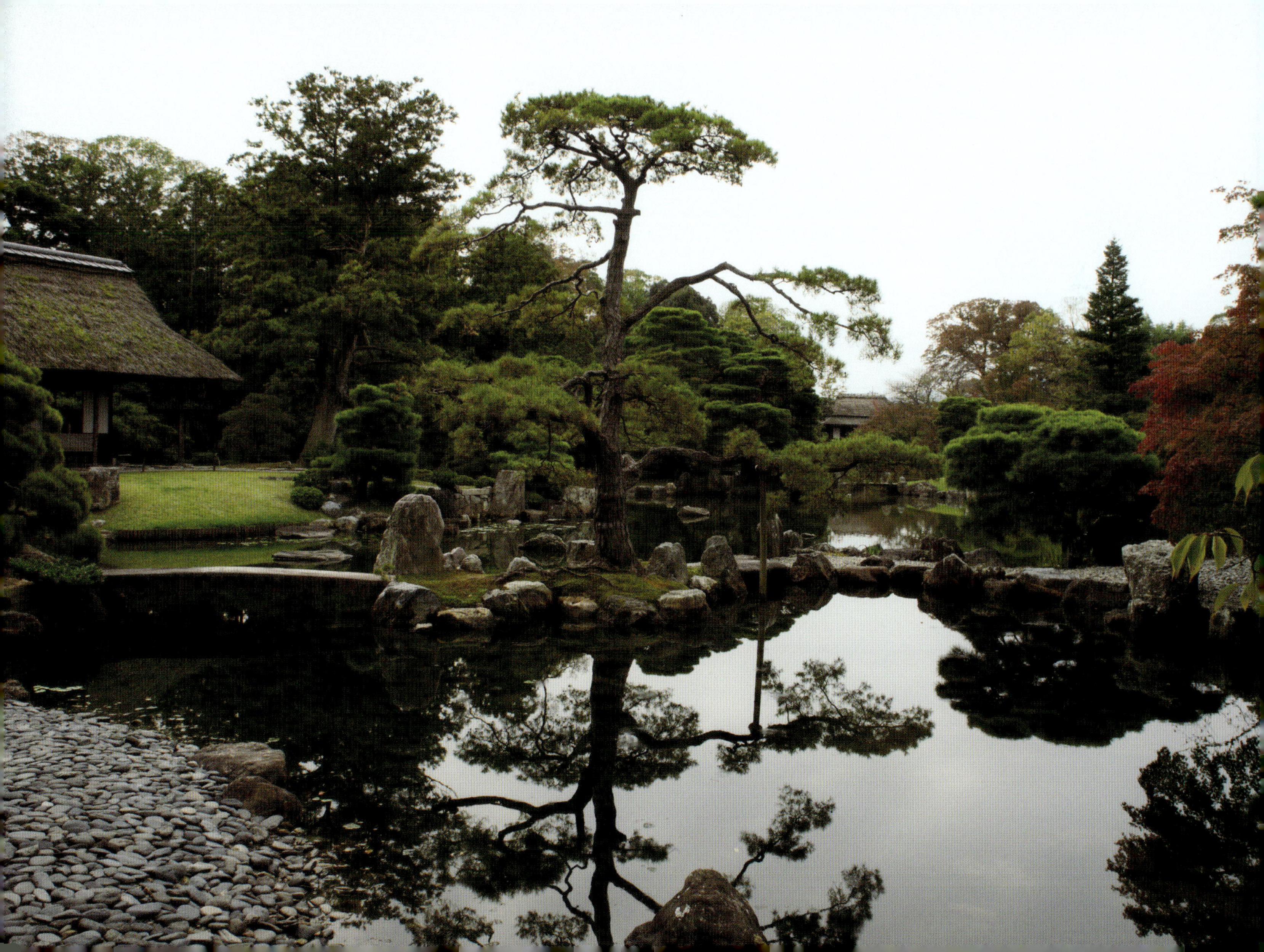

Colagem com washi · 和紙のコラージュ · 25 x 35 cm | Vila Katsura, sec XVI · 桂離宮, 16世紀

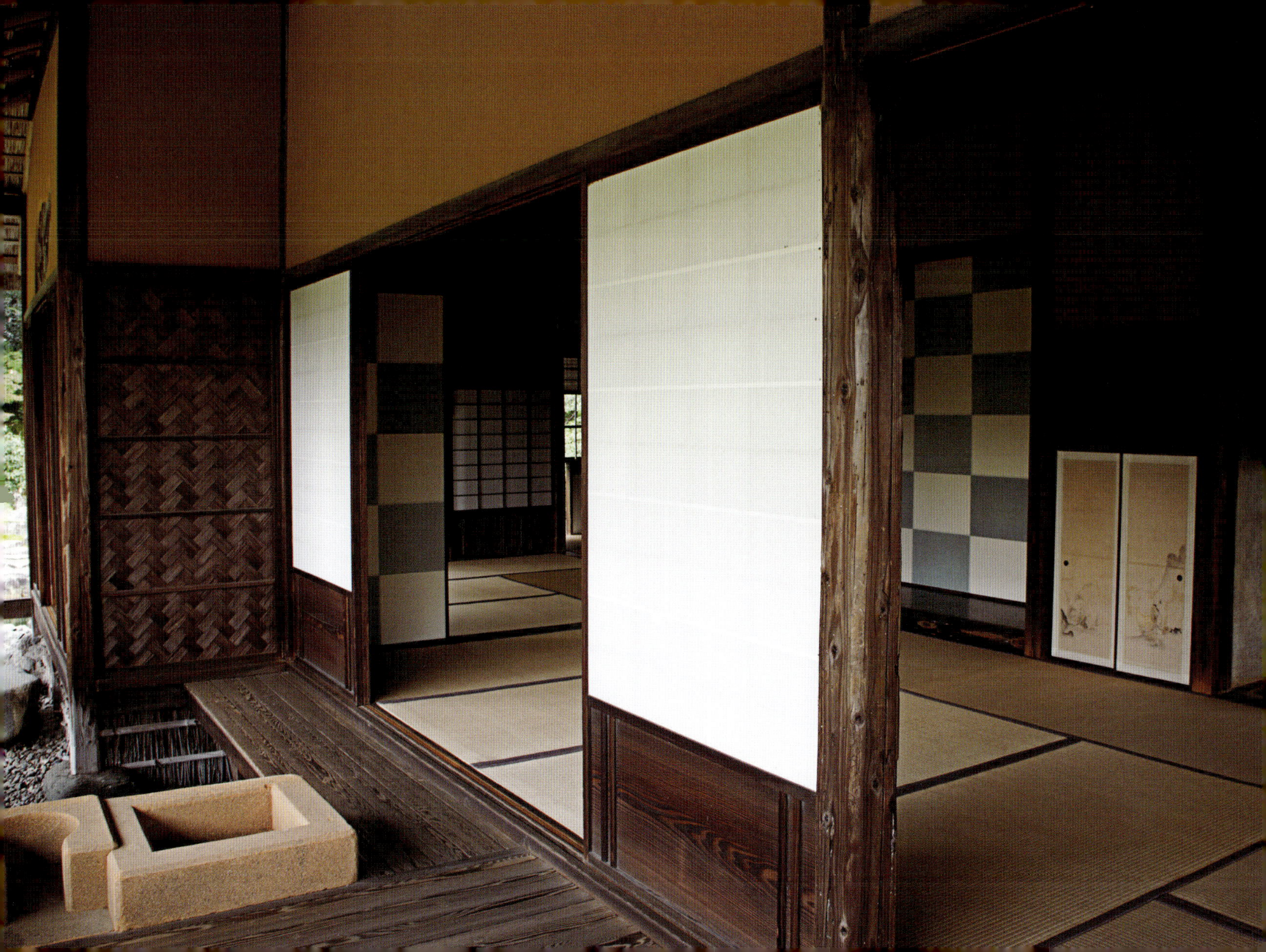

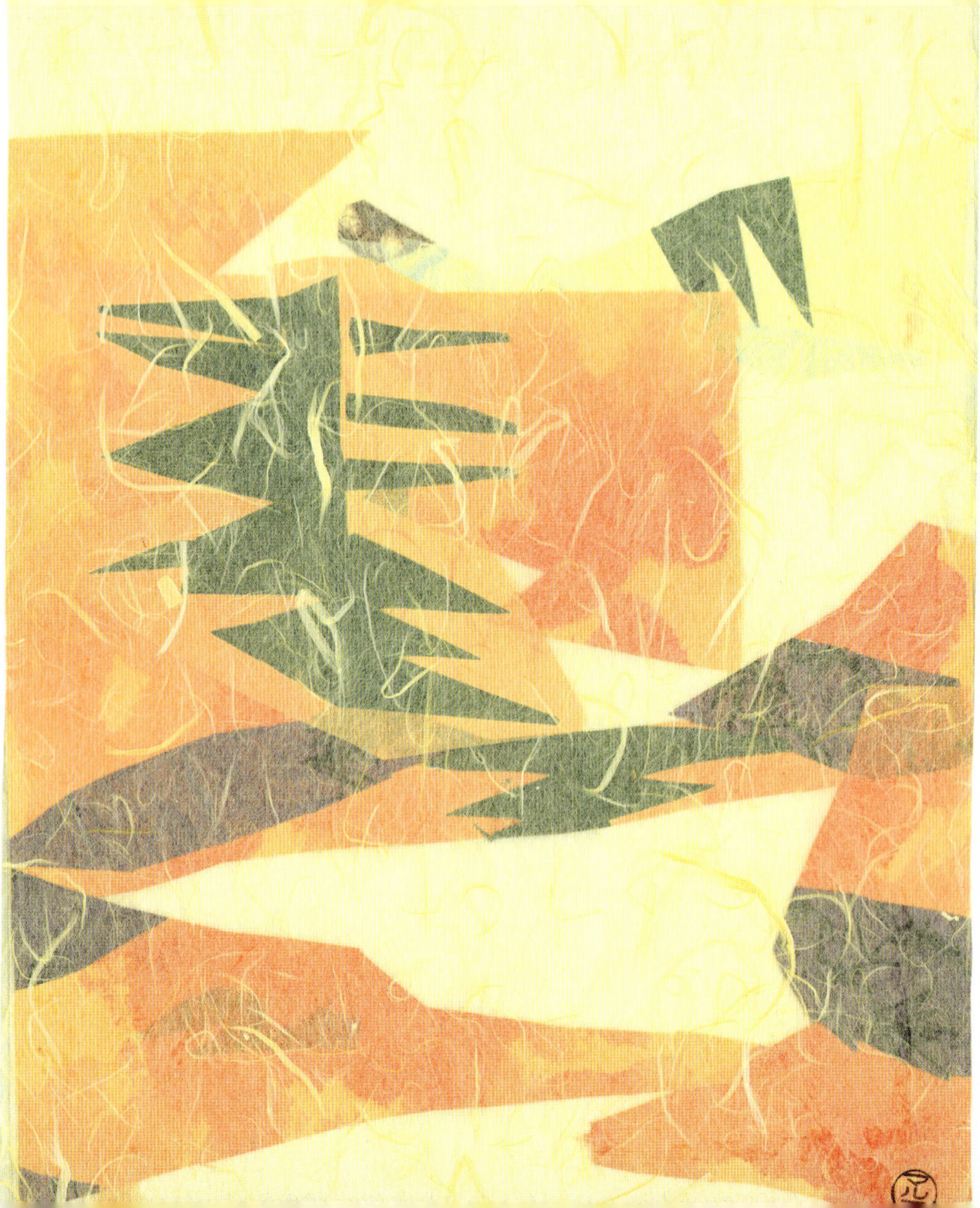

桂離宮の多様な生

17世紀に造営された宮殿に、
日本的な美の洗練の極致と景色の変容を間近に見る

2011年12月4日 京都が魅惑的な街なのはまさに身を隠すからである。日常から逃れ茶の湯に隠れ家を求める習わしは千年来のものだ。単なる束の間の会話のための偶然の出会いではない。茶席では、貴族や武士は刀を手放し、美的快楽のために周到に準備された場——歴史的価値のある道具を慎重に選んだ、自然を愛でる部屋に臨まねばならなかった。

日本の精神的生活は、神道の精霊や神の示現を通じ、あるいは人と宇宙の仏教的交わりを求める中で、この自然との関係によって織り成される。そのため、僧侶は多くの場合、貴族と同様、山中に隠棲した。

17世紀初頭に造営された桂離宮は、観月に絶好の場所にある。月見は江戸時代の貴族のあいだで一般的な習わしだった。ここに日本的な美の洗練の極致を見ることができる。離宮は四季の移ろいが顕現するように細心の注意をもって造られている。扉と襖は絶景を望めるように構成されている。すべては基本的に木材と畳、和紙、薄板(柿葺(こけらぶ)き屋根)でできており、壁は漆喰塗りか土を突き固めたものだ。

そのモダンな様相はあまりに明白である。当時のヨーロッパではバロック様式とロココ様式が支配的だったことに思いを馳せればなおさらだ。桂離宮はたちまち、モダニズム全体にとって一種の理論的枠組み(パラダイム)となった。ブルーノ・タウトとル・コルビュジエ、そして1954年に桂離宮を訪れたグロピウスは、その優美で厳粛な様を賞賛した。モジュール形式の建物の原理、可動式の壁のある開かれた空間は、実際にモダニズム建築の基本となった。

日本では、絵画は時の移ろいを愛でるもうひとつの要素として登場し、茶の湯などの様々な儀式と結び付いていた。掛物は巻いて仕舞われ、その季節になると壁に掛けられる。掛軸は絵画でも、美しい書で認めた詩歌でもよい。

有名な古代ローマのリヴィア家のフレスコ画(紀元前30〜20年)と比較してみると、建築と絵画の関係がまったく異なることに気づく。時の試練に耐えたこのフレスコ画はまさに、もっとも閉ざされた場所、幽閉された、窓のない空間にある。外界との関係が遮断されたなら、画家の役目は眼差しを注ぐべき理想的風景、仮想空間を創造することだ。桂ではまさにその反対で、たとえ景観を瞬間毎に描き直すことになろうとも、建築と自然を絶えず型にはめて完全に調和させる。小径の果ての茂みには深い意味があり、まさに景観全体の展望を遮って、風景が徐々に明らかになるように配置されている。観察者は歩を進めるにつれ、常に変化する景色を垣間見る——葉の茂みも、池の鯉も、苔も、石も、すべてが刻一刻と変化する。

だからこそ、日本人は二つの異なる地形を結ぶ橋をことのほか大切にするのかもしれない。モネがこの景観にインスピレーションを得て、常に同じ自然を一望する原理に基づく理想的な展望風景画(ヴェドゥータ)というイタリアの理論的枠組みと闘ったのは故なきことではない。

桂離宮が実際にモダニズムにとって理論的枠組みだったとしたら、モダニズムの投機的な商業版は、この街の都会的コントラストの増大に大きく貢献した。桂離宮を後にして再び街を目の当たりにすると、京都があまりにも美しく、同時にあまりにも醜いことに悲しくなる。灰色のタイルで覆われた集合住宅にしろ、新富裕層(ニューリッチ)が生み出した御池通の醜悪なビルにしろ、異様な建築群が街の中心部を侵略している。ヴェネツィアの繊細な美、全体があまりに美しく外部世界の脅威に晒されているかに思える美はない。京都では、脅威は内部由来の投機による腐食だ——河川や公園、御所、離宮、寺社はまさにオアシスである。太陽のごとく光り輝く金閣寺も、月のような景色の銀閣寺も、屋上に鳳凰を戴いており、その霊鳥は時空を超えて悠久の旅をしながら、火災や地震、そして近年の不動産投機に耐えている。

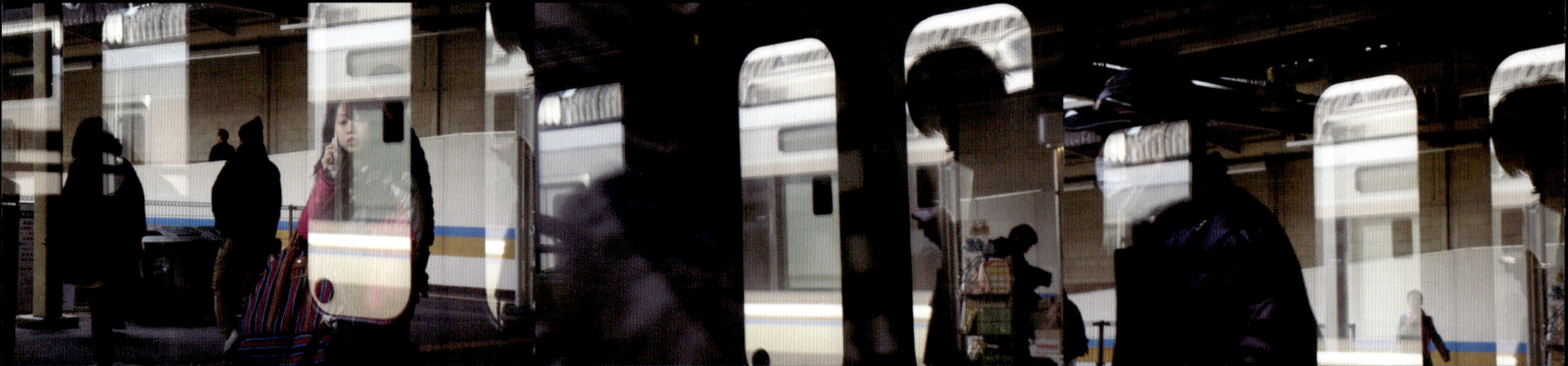

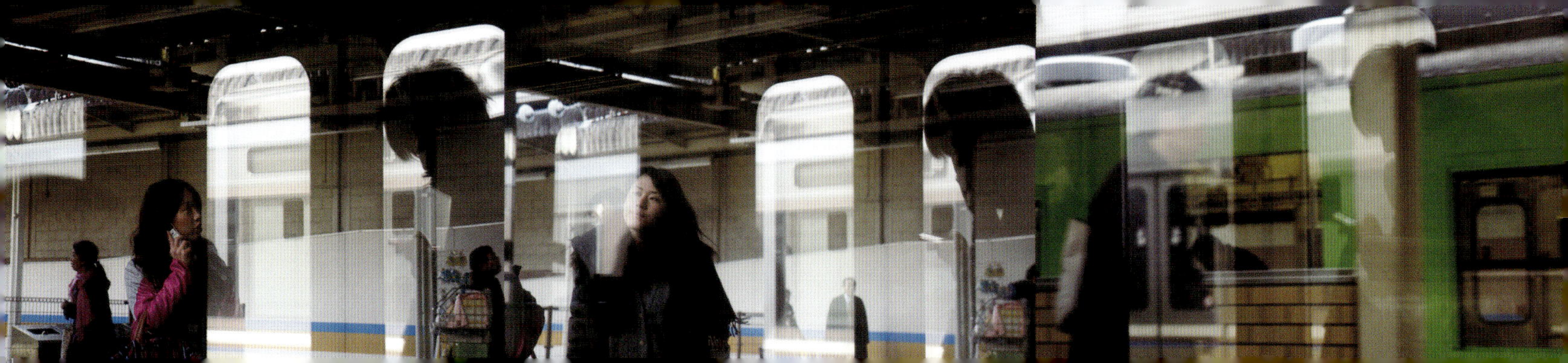

Estação central de trem em Kioto · 京都駅

Avenida Oike, Kioto · 京都 · 御池通

Higashi Hongan-ji com a Torre de Kioto ao fundo・東本願寺と背景に見える京都タワー

Palácio imperial, Kioto · 京都御所

Ponte japonesa em Daigo-ji・醍醐寺の太鼓橋

Ponte Japonesa, Colagem com washi - 太鼓橋、和紙のコラージュ - 35 x 25 cm

Altar budista · 地蔵尊祠

Ume (flor de ameixa) no templo xintoísta Kitano Tenmangu · 北野天満宮の梅

Cerimônima do Setsubun no te
吉田神社の節分祭

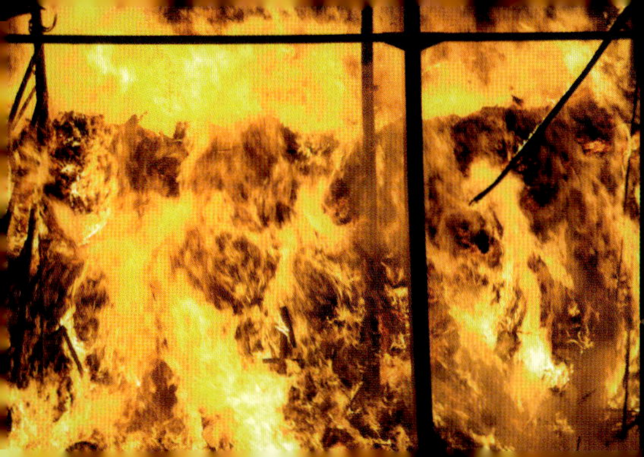
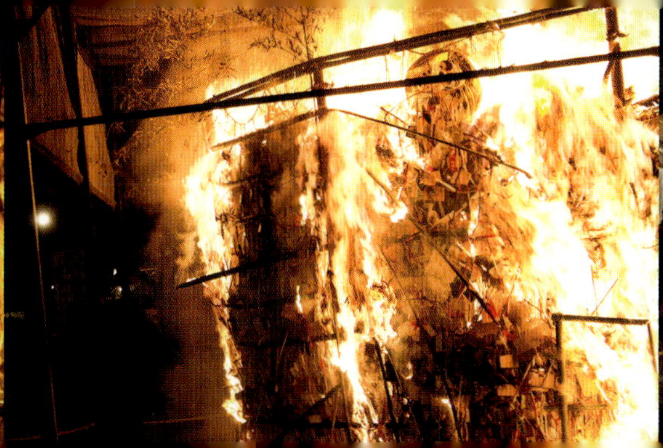
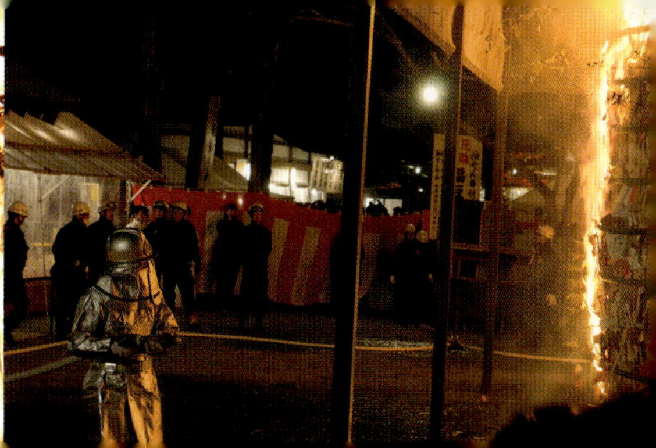

EPÍLOGO

O festival Setsubun, que ocorre todos os anos no começo de fevereiro no templo xintoísta Yoshida, celebrado há mais de quinhentos anos, marca o início da primavera, mesmo que ainda faça frio. Nesse momento crucial para os agricultores, o que é passado deve ser queimado, os demônios devem ser afugentados numa grande fogueira feita com amuletos e talismãs do ano anterior, pois a ideia de purificação é central no pensamento xintoísta.

Duas concepções diversas do tempo e do espaço alimentam a cultura japonesa, muitas vezes entrecruzando-se. Por um lado, uma concepção do tempo baseada no calendário lunar, calcada ainda na concepção divina do Imperador, de modo que cada era se baseia no ciclo do reinado atual. O templo é pensado como uma moradia dos espíritos (*kamis*), e, por isso, deve ser idealmente reconstruído a cada 20 anos, visto que nem mesmo os espíritos gostam de casa velha. A natureza deve ser preservada e mantida como espaço essencialmente "natural", de modo que o mato deve ser mantido, uma vez que o ciclo da natureza se refaz a cada instante. O fogo surge assim como elemento purificador desse processo.

Por outro lado, temos a concepção budista, onde a mudança do tempo acompanha nosso calendário. No dia 31 de dezembro, templos como Chio-in celebram a mudança de ano com os monges tocando 108 badaladas em um sino de 1678, a fim de relembrar todos nossos *Kleshas* (desejos, paixões e aflições)[1].

Um visitante estrangeiro desavisado pode se surpreender com a suástica (卍 manji) – presente nos pequenos altares –, que, na verdade, detém vários significados no budismo: indicam boa fortuna e evoca a renovação contínua da vida[2]. Novamente, o fogo aparece como um elemento fundamental, como ritual de passagem; porém, se no caso xintoísta essa passagem se pauta na vida e no momento presente, no caso budista, o fogo também indica que podemos em breve virar cinzas e que devemos cuidar da nossa reencarnação, levando, assim, uma vida regrada e serena. Até mesmo os samurais devem aprender a aceitar a morte, e por isso historicamente eles se filiavam à seita Zen. Seus jardins celebram não o espaço "natural", mas o espaço divino na terra. Cada elemento é cuidadosamente colocado em perfeita harmonia: o musgo, a pedra, a flor.

Pode-se questionar até que ponto tal forma de pensamento persiste em um Japão cada vez mais ocidentalizado, mas o fato é que, em todos os festivais, os templos estão cheios de gente, inclusive com muitos jovens celebrando. O Japão é um dos países onde a presença das quatro estações é muito marcada; não é à toa que cada passagem seja ritualmente celebrada. Na

---

1. NT: No Budismo, as pessoas devem "emancipar-se dos *Kleshas*". Trata-se de um conceito distinto da "penitência dos pecados" do Cristianismo.

2. NT: No Japão, a suástica é usada para representar templos e santuários budistas em mapas, bem como em outros países do Extremo Oriente.

literatura japonesa, o *Kigo*, o elogio da passagem do tempo na natureza, é uma das pedras fundamentais do *Haikai*. Na arte, as imagens do mundo flutuante (*ukiyo-e*) impregnam suas matrizes de acordo com a tonalidade de cada estação.

O ciclo da minha experiência se fecha com a volta da primavera. Espero que, desta vez, menos conturbada do que no ano passado, quando ocorreu o terrível terremoto em Fukushima, seguido por um *tsunami*[3]. Mais uma vez, esta sociedade se levanta com incrível vitalidade, reconstruindo suas cidades num ritmo alucinante. Em vez de ficar refém de um passado glorioso, como a nostálgica Europa, em eterna decadência, mas que sabe manter uma dimensão humana incomparável, o Japão se reconstrói a cada instante, a ferro e fogo. Seu processo de ocidentalização é intenso, mas sua cultura milenar parece resistir ao mundo superficial da sociedade de consumo. Seu passado faz com que possamos ver o mundo contemporâneo com outros olhos, e também entender como o Japão influenciou o mundo ocidental de maneira definitiva. O mangá já aparece na pintura japonesa do século XII, a explosão cromática que surge no impressionismo se pauta essencialmente nesta visão transitória do tempo e do espaço. A arquitetura moderna aprendeu aqui a refletir sobre um espaço modular e multifuncional. A experiência no Oriente transformou a maneira como vejo a arte ocidental, o outro lado da moeda. A pintura moderna e contemporânea ainda tira proveito do cromatismo japonês, bem como de uma espacialidade não calcada na perspectiva ocidental. O mundo da colagem, hoje tão caro à pintura, foi sempre celebrado com a cultura milenar do papel. Na escultura, o jardim zen, o pagode, permitem uma nova reflexão sobre o espaço; não mais calcada no espaço ideal da bancada ou do nicho, a escultura se abre para o espaço do mundo. Na vídeoarte, basta citar a figura ímpar de Bill Viola, que viveu no Japão, assim como de Richard Serra, que registra como poucos a transitoriedade da imagem diante das metamorfoses da natureza e seus elementos: água, fogo, ar e terra. Viola acaba de ser agraciado este ano com o Prêmio Imperial, criado em 1988 pela Associação Japonesa de Arte, juntamente com Anish Kapoor e Ricardo Legorreta. A arquitetura e o *design* japoneses não só influenciaram o mundo ocidental como mantêm uma grande vitalidade com artistas como Tadao Ando e Issey Miyake, que sabem conciliar a tradição com a linguagem contemporânea. Resta saber o motivo por que muitos artistas japoneses se esquecem dos fundamentos da sua própria cultura e passam a copiar o Ocidente, fazendo uma "salada imitativa", como bem salientou Mario Pedrosa há mais de cinquenta anos, e se perdendo no tempo e no espaço.

---

3. Somente quando voltei para o Brasil, no final de março de 2012, é que encontrei por acaso um belo livro de Yasunari Kawabata, intitulado *Kyoto*, editado pela Estação Liberdade. A narrativa se desenrola nesta cidade, justamente durante a passagem das estações do ano.

Centro de Informação Cultural e Turística de Asakusa, projeto de Kengo Kuma, em construção, Tóquio・東京・浅草で建設中の浅草文化観光センター（隈研吾設計）

Galeria Teramachi Kyogoku · 寺町京極商店街, 2011

エピローグ

毎年2月初めに吉田神社で執り行われる、500年以上前から祝われている節分祭は、まだ寒さが残る中で春の訪れを告げる。農家にとって非常に大切なこの時期に、古い神札をくべた大きな焚き火で過ぎ去ったものを燃やし、疫鬼を追い払わねばならない。禊という考えは神道思想の中心を成すからだ。

時空に関する2つの異なる概念が、たびたび交錯しながら日本文化を育んでいる。一方の時の概念は陰暦に基づき、さらに天皇の神聖な概念を踏まえているため、それぞれの時代は今上の御代に基づいている。神社は超自然的な存在(神)の住まいと考えられ、神々でさえ古い住み処を好まないので、20年ごとに造り替えるのが理想とされる。森羅万象は本質的に「自然」な空間として守り維持すべきであり、自然は刻一刻と再生して循環するので、森林は維持すべきである。火はこのプロセスにおいて浄化を司る要素として登場する。

その一方で仏教的な概念があり、そこでは時間の推移は私たちの暦に従う。12月31日になると、知恩院などでは年越しを祝い、1678年に造営された鐘を僧侶が108回打ち鳴らし、人間のすべての煩悩を想起させる[1]。

軽率な外国人訪問者は、街中の小さな祭壇にある卍(まんじ)を見て驚きかねないが、これは実は仏教では様々な意味をもつ。卍は吉祥を示し、生命の絶え間ない反復を喚起する[2]。ここでも火は通過の儀式の重要な要素だが、神道ではこの通過は現世と現在を律するものであるのに対し、仏教の場合、火はさらに、人間はほどなく灰に帰すので転生について思いを馳せ、節度ある穏やかな生活を送るべきことを示している。武士といえども死の受容を学ばねばならず、それゆえ彼らは歴史的に禅宗に帰依した。仏教の庭園は「自然」の空間ではなく、地上の浄土を讃えている。苔や石、花といった個々の要素は注意深く配置され、完璧に調和する。

ますます欧米化する日本でこうした考えがどれほど残っているかは議論の余地があるが、実際のところ、祭りの際に寺社は人であふれ、若者も大勢祝っている。日本は四季の存在がはっきりとした国であり、季節の節目ごとに儀式を行って祝うのはそれなりの理由がある。日本文学では、自然の時の流れを讃える季語は、俳諧の礎のひとつである。美術では、浮世絵は季節ごとの色調に合わせた絵の具を版木に載せる。

私の体験は春の訪れで一巡りする。今回は、福島の大地震と津波が起こった昨年よりも混乱が少ないことを願う[3]。日本社会はまたしても、信じ難いほどの活力で再起し、目まぐるしいペースで街々を復興している。過去の栄光に囚われて郷愁にひたり、永遠に衰退しつつも比類ない人間性重視の特徴を維持できるヨーロッパとは異なり、日本はいかなる犠牲を払ってでも刻々と復興する。西洋化の流れは激しいけれども、千年来の文化は消費社会の浅薄な世界に抗っているかに見える。日本の過去によって現代世界を別の目で眺めることができ、またこの国が西欧世界にいかに決定的影響を与えたかを理解できる。漫画は12世紀の日本画の中にすでに登場しており、印象派が生み出した色彩の炸裂は本質的にこの時空間の儚さの視点に基づいている。近代建築はこの地で、モジュール式の多機能的な空間について熟考することを学んだ。東洋での経験を通じて、コインの裏側である西洋美術に対する私の見方も変わった。近代絵画と現代絵画は今でも、日本の彩色と、西洋的遠近法に捕らわれない空間的広がりから学んでいる。今日絵画と極めて親密なコラージュの世界は、常に千年来の紙の文化の恩恵を受けてきた。彫刻では、禅庭園と仏塔が空間についての再考を可能にする。彫刻はもはや作業台や壁龕(へきがん)の理想的空間に縛られず、世界の空間へと展開して行く。ヴィデオ・アート

1.(訳注) 仏教では人は「煩悩からの解脱」を目指す。キリスト教の「罪の改悛」とは異なる概念である。
2.(訳注) 日本や極東の国々では、卍は仏教寺院を表す地図記号として用いられる。

3. 2012年3月末にブラジルに帰国してのち初めて、私は川端康成の『古都』(エスタサォン・リベルダージ刊)と題する美しい作品を偶然発見した。物語はこの街を舞台に、まさに四季の移ろいの中で展開する。

では、日本で生活したことのあるビル・ヴィオラという比類ない人物や、自然とその元素、水・火・空気・土のメタモルフォーゼを通して映像の儚さを類い希な形で記録するリチャード・セーラを挙げれば充分であろう。ヴィオラは今年、アニッシュ・カプーアとリカルド・レゴレッタと共に、日本美術協会が1988年に創設した高松宮殿下記念世界文化賞を受賞した。日本の建築とデザインは西欧世界に影響を与えただけでなく、伝統と現代的言語を融合できる安藤忠雄や三宅一生といった芸術家を擁し強い活力を保っている。疑問として残るのは、なぜ多くの日本人芸術家が自らの文化的基盤を忘れて西洋の猿まねをし、マリオ・ペドローザが50年以上前にいみじくも指摘したように「模倣のごちゃ混ぜ」を作り、時空のなかで己を見失うのかということである。

Colagem com washi · 和紙のコラージュ · 25 x 30 cm

Colagem com washi · 和紙のコラージュ · 30 x 25 cm

Shoji, interior de Ryokan em Tóquio・障子、東京の旅館の室内

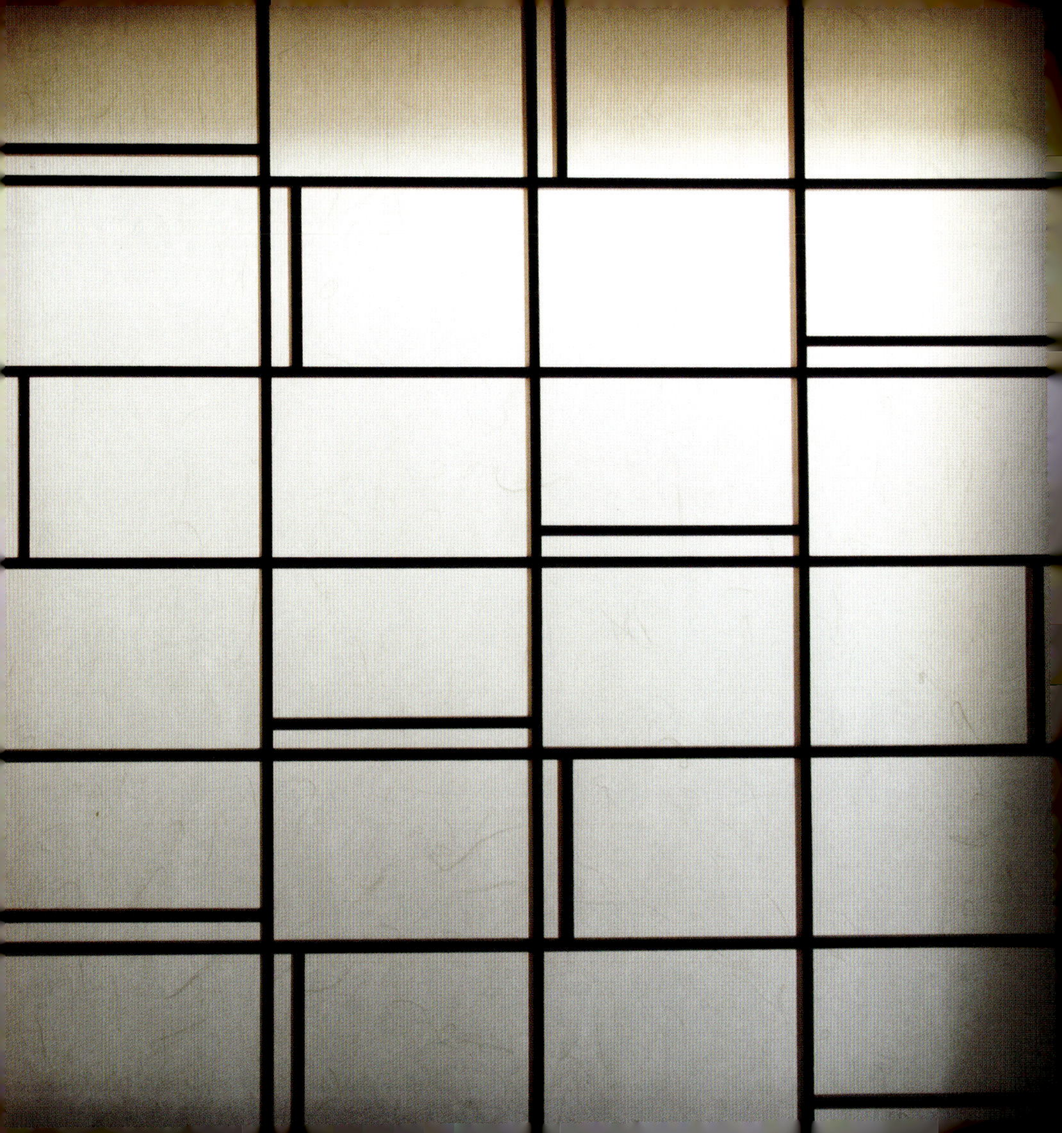

CAPA E PROJETO GRÁFICO YUKIE HORI	表紙およびグラフィック・デザイン 堀由紀江
FOTOGRAFIAS E COLAGENS MARCO GIANNOTTI	写真およびコラージュ マルコ・ジアノッチ
TRATAMENTO DE IMAGEM MARCOS RIBEIRO ESTUDIO DIGITAL	画像処理 マルコス・ヒベイロ・デジタルスタジオ
TRADUÇÃO HARUHITO YAMAZAKI	翻訳 山﨑理仁
REVISÃO [Português] CARLOS EDUARDO RICCIOPPO HELENA BITTENCOURT [Japonês] HARUHITO YAMAZAKI	校正 (ポルトガル語) カルロス・エドゥアルド・ヒスィオッポ エレーナ・ビテンクール (日本語) 山﨑理仁
IMPRESSÃO TOSHO PRINTING	印刷 図書印刷株式会社

Printed in Japan   2012

EMBAIXADA DO BRASIL EM TÓQUIO

EMBAIXADOR
MARCOS BEZERRA ABBOTT GALVÃO

SETOR CULTURAL E DE DIVULGAÇÃO

駐日ブラジル大使館

マルコス・ベゼーハ・アボッチ・ガウヴォン大使

文化広報部

駐日ブラジル大使館
EMBAIXADA DO BRASIL EM TÓQUIO

ブラジル政府
BRASIL

MARCO GIANNOTTI

Professor de pintura na Escola de Comunicação e Artes da USP, professor visitante da Universidade de Estudos Estrangeiros de Kioto durante o ano de 2011.

マルコ・ジアノッチ

サンパウロ大学コミュニケーション芸術校の絵画担当教授。
2011年から2012年にかけて京都外国語大学客員教授。